身心障礙社會工作

Social Work with Disabled People /4e

Michael Oliver, Bob Sapey, & Pam Thomas 著

葉琇姍 譯

Michael Oliver,
Bob Sapey
and
Pam Thomas

Social Work with Disabled People

Fourth Edition

目次

作者簡介 /iv

譯者簡介 /v

第四版序 /vi

謝辭 /ix

推薦序 /x

譯者序 /xv

導讀：提綱挈領 /xix

第 1 章　社會工作與身心障礙者：鑑往知來 …… **001**

　　第一節　鑑往 /001

　　第二節　知來 /006

　　第三節　認識身心障礙者 /007

　　第四節　社會模式對社會工作之意涵 /019

第 2 章　身體傷殘、身心障礙與研究 …………… **031**

　　第一節　緒論 /031

　　第二節　醫療控制 /033

　　第三節　醫療知識與社會工作任務 /035

　　第四節　身體傷殘與身心障礙 /036

　　第五節　身心障礙調查的必要性 /042

第 3 章　家庭與關係 ················· *059*

第一節　家庭與家戶 /059

第二節　關係 /068

第三節　父母與子女 /073

第 4 章　獨立生活與個人助理 ················· *087*

第一節　獨立生活中心的發展與重要性 /087

第二節　個人助理與直接給付 /091

第三節　評估 /096

第四節　其他社會服務 /102

第 5 章　獨立生活：社會政策與立法 ··········· *115*

第一節　就業 /116

第二節　平等與人權 /124

第三節　住宅 /130

第四節　身心障礙兒童與教育 /132

第五節　身心障礙者的權利：未來展望 /139

第 6 章　獨立生活：脆弱與安全 ··········· *143*

第一節　鑑往知來 /146

第二節　機構虐待 /154

第三節　仇恨犯罪 /158

第四節　身心障礙兒童的虐待 /163

第五節　風險 /166

第 7 章　結語：未來方向 ………………………………… 173

第一節　理論與專業發展 /173
第二節　組織議題與結構發展 /181
第三節　社會工作的策略 /189

參考文獻 /197

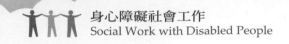

作者簡介

Michael Oliver

　　為英國首位身心障礙研究的教授，目前自 University of Green-wich 退休。

Bob Sapey

　　任職於英國 Lancaster University 的應用社會科學系，擔任講師，教授身心障礙者與心理衛生課程。

Pam Thomas

　　為獨立研究者，並提供身心障礙平等與獨立生活方面的諮詢，同時也是 Lancaster University 身心障礙研究中心的榮譽研究員。

譯者簡介

葉琇姍

國立臺灣大學社會工作博士

研究主題為以建制民族誌分析身心障礙者就業，博士論文曾獲
臺灣社會研究學會 2016 年「批判與實踐博士論文獎」佳作獎、
台灣社會學會 2017 年「年度碩博士論文獎」佳作獎。現擔任臺
北市勞動力重建運用處處長，主管臺北市身心障礙者就業促進
工作。

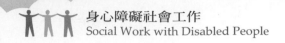

第四版序

　　回想 1983 年本書發行第一版時，社會工作專業正積極地朝向身心障礙的社會模式（social model of disability）之實務原則前進。第一版的發行，正可鼓勵社會工作者反省長期以來主導實務的個別化（individualising）與病理學化（pathologising）知識與方法，並且與身心障礙者一同挑戰每天生活上會遭遇到的政治、文化與專業的阻礙。第二版與第三版分別於 1999 年及 2006 年出版，在這段期間，身心障礙者教會了我們許多事，但社會工作專業卻漸漸放棄了挑戰。過去兩個版本的時空背景一直發展到現在，本書所要傳達的訊息沒有太大改變，但社會工作在經濟與政治變遷的環境下，在身心障礙者的生活中要扮演什麼角色，卻已受到更多質疑。這些重要的訊息受到國際上的關心，本書也有了繁體中文版（臺灣）、簡體字（北京）、日文與韓文版。

　　本書的第一版是首次向廣大的讀者介紹身心障礙的社會模式。接續的幾次再版，包括本書（第四版），也都繼續運用這個觀點向各界說明，我們的社會仍有一些地方尚未考慮到身心障礙者及長期健康狀況不良者的處境。二十一世紀的學術界與專業界，都流行批評社會模式，指出它未能回應人們主體敘事經驗（narratives）、身體傷殘及長期健康問題等議題。但這些批評誤解了社會模式的本意，個人的傷殘經驗與健康狀況當然重要，人們必須找到與身體共

處的方法；透過醫學與協同專業者的支持來協助身心障礙者改善狀況，這也沒有問題。但個人的敘事與臨床上的問題都是個人取向的觀察，而非社會取向。社會模式並非討論個人的問題，而是探討造成障礙的社會（disabling society）。歧視與排除並非個人生理與心理狀況造成，這種歸因經常運用在探討身心障礙者、種族、性別與跨性別的議題。硬要把個人遇上的問題和障礙的社會綁在一起，會造成混淆，也阻卻採取行動的可能性。在個人的層次上，個人確實必須同時處理身體的傷殘與障礙的社會造成的問題。

已熟知社會模式的身心障礙者都非常關心學術上貶低社會模式的辯論，因為它們有可能摧毀過去透過社會模式所求得的進展。因此在本書的第四版仍會繼續運用身心障礙的社會模式，它不是一個理論、也不是唯物論的觀點，它的價值在於啟發如何解決造成障礙的問題，包括文化與態度的問題。

第四版的另一個重要性，在於英國的身心障礙者在改變身心障礙政策基本意識型態的基礎上，已有重要的進展，稍後於本書中還會詳細說明，但切記這是一個文化的改變，身心障礙者不再被視為靠福利度日的人，而是一個公民伙伴，有完整權利，應在社會、經濟乃至政治各方面，充分參與社會。在修訂本書時，我們會反省社會工作專業運用社會模式使身心障礙者實現公民權的進展，當然也有可能是停滯不前，後者不僅是令人失望，更會有嚴重的後果。最嚴重的是仍有數以千計的身心障礙者，持續生活在連主責社會福利制度的社會工作者及管理者也無法容忍的生活環境中。其次，身心障礙者爭取充分公民權的運動已有很大的成果，待這些成果展現出來，社會工作者將因欠缺視身心障礙者為公民的概念，而與身心障

礙者實務領域漸行漸遠，值得警惕。

　　本書內容有多處更新，許多舊資料都翻新，同時也加入更多有關獨立生活、選擇與控制的主題，另外有專章處理騷擾與對身心障礙者仇恨的犯罪，這個問題在本書第三版以後逐漸受到重視。本書也還保有一些原有的內容，因為它們仍有價值，雖然有些語言今日看來似乎不合時宜，但這些文獻可提供讀者了解身心障礙者長期以來為了改變福利制度所投注的努力，相較於此，社會工作的改變就實在太少。

　　本書並非指導手冊，而是不論改朝換代都可適用的一些原則。當然它也是政策文獻的參考。總而言之，本書持續要促使身心障礙領域的社會工作能運用社會模式，也宣示個人模式已不再適用。專業團體必須了解如果再不改變，身心障礙者將會自己主導決定，再也不需要專業者了。

　　希望本書能提供身心障礙者與社會工作者持續奮戰的力量，創造一個融和的社會，在這個富裕與幸運的國度中，每個人也都能充分享有公民身分。

Pam Thomas
Bob Sapey

謝辭

　　特別感謝 Baroness Surbiton、Jane Campbell 同意本書引用 Not Dead Yet UK 網頁上的資料，以及對本書討論有關加工自殺時給予的寶貴意見。

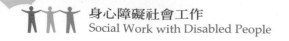

推薦序

　　雖然社會工作一直在身心障礙者福利服務中扮演很吃重的角色，包括個人與家庭服務、就業、經濟安全、無障礙環境、機構照顧、居住服務、獨立生活方案等，但是，以身心障礙社會工作（Social Work with Disabled People）為名的書，在坊間卻並不多見。究其原因，可能是身心障礙者的服務需要跨專業的團隊工作，例如，必須結合醫師、就業服務員、復健師、語言治療師、職能治療師、復健諮商師、特殊教育教師等，社會工作者較難單獨執行業務。然而，在臺灣身心障礙者權益與福利保障業務主責機關仍是現在的內政部，未來則交由衛生福利部主責。因此，不論是現在或未來，社會工作者還是身心障礙者主要的服務提供者、政策規劃者、立法倡導者，而熟悉身心障礙者的權益與福利，仍將是社會工作者很重要的一項任務。

　　本書的新版有三位作者，分別是 Michael Oliver、Bob Sapey 與 Pam Thomas，其第一版於 1983 年出版，當時作者只有 Michael Oliver 一人，第二版於 1999 年出版時，作者已增加了 Bob Sapey，第三版於 2006 年出版，本書為第四版，出版於 2012 年，作者又增加了 Pam Thomas。

　　Michael Oliver是身心障礙者社會模式的最主要倡議者。1976 年英國身體損傷者反隔離聯盟（UPIAS）所出版的《障礙的基本原

則》（*Fundamental Principles of Disability*）指出，由醫療專業來界定損傷雖可接受，但是障礙必須被重新界定為：「起因於現代的社會組織未能或很少考量到生理損傷者，導致這些人被排除在參與社會活動的主流之外的不利或限制」，這個主張也開啟了身心障礙者社會模式（social model）的倡議之路。Michael Oliver 從 1978 年起寫了一系列的文章倡導身心障礙的社會模式。其中有些文章被重新整理成書籍，例如 1983 年的 *Social Work with Disabled People*、1990 年的 *The Politics of Disablement*，以及 1996 年的 *Understanding Disabilites: From theory to practice*（均為 Basingstoke Macmillan 出版）。Bob Sapey 受邀參與第二版的寫作，是因為他的專長屬障礙與心理健康，一直在蘭卡司特大學（Lancaster University）擔任教職。Pam Thomas 最後才加入本書撰寫行列，則是以她在身心障礙者獨立生活方案的專長，長年致力於協助英國身心障礙者推動公平對待。

　　而兩位共同作者所在的英國蘭卡司特大學有一個頗具規模的身心障礙研究中心。英國大學裡類似研究的中心不少，例如里茲大學（University of Leeds）、布里斯托大學（University of Bristol）、格拉斯哥大學（University of Glasgow）、倫敦大學（University College London）等。其中里茲大學、布里斯托大學的身心障礙研究中心規模都很龐大，幾乎是臺灣的大學裡一個系的規模，不只研究，還成為教學、碩博士班訓練的機構。說到這裡，我們就該汗顏了，臺灣是全世界大學分布最密集的國家，社會工作／社會福利科系也有 27 個，但是，卻無法發展出一個具規模的身心障礙研究中心。特殊教育專家在特教系，復健專家在復健系，社會工作專家在社工

系，勞動研究學者人數少，社會學者很少研究身心障礙議題，法學者更沒興趣，就很難成就一個稍具規模的身心障礙研究中心。何況依臺灣的大學人力編制，要成立研究中心十分困難，不僅要自籌研究經費，又不一定有足夠的研究案支撐，且不一定收得到研究生。如果大學裡連一個具規模的身心障礙研究中心都沒有，奢談要如何推動身心障礙權益與福利保障。

本書中文版第一度由葉琇姍、陳汝君兩位翻譯的是 1999 年的版本。當時是英國新工黨剛執政不久，而現在這一版，新工黨早就下臺了，換上保守黨再度執政，作者們將新工黨到保守黨政黨輪替的一些身心障礙政策做了更新。固然，在新工黨執政時期，社會模式已獲得普遍的了解。但是，不論是在政策的推動，或是實務的推展上，仍然殘留著個人模式的痕跡。再加上新自由主義風潮下的新公共管理主義流行，身心障礙者的權益保障仍是保守者居多，令作者們感到失望。

本書新版加上最近英國身心障礙政策的資料，以英國社會工作教育的變遷為例，2008 年英國綜合社會照顧委員會（General Social Care Council）再次強調社會工作者的專業角色促進社會變遷，人際關係的問題解決，充權與解放人民以增強其福祉。作者藉此強調社會模式身心障礙社會工作觀點的重要性，但這個掌管英國社會工作專業教育標準與社會工作師職業倫理的組織，在 2012 年 8 月已熄燈，英國社會工作專業教育標準管制機構已改為健康與照顧專業委員會（Health and Care Professions Council, HCPC），掌理健康照護師、心理師、社會工作師的專業教育、註冊與職業倫理。

社會模式之所以還很難在身心障礙者服務裡生根發芽，作者認

為是因為社會工作者無法割捨專業地位的優越性，不願將專業權力分享給服務對象。即使，英國的社會工作界已普遍揚棄「案主」（client）的概念，也沒有「處遇」（treatment）的錯誤思維。理論上，服務使用者的地位已提高。但是，隱藏在社會工作者內心深處的專業主義衍生的助人者、治療者的優位性觀念並未完全卸下。再加上新保守主義主導的社會政策，身心障礙者的問題仍然被視為個人問題居多。要扭轉這種態勢，顯然需要多一點時間，也需要更多的反思與批判性思考。

作者們主張身心障礙者才是最了解自己需求的人，社會工作者應該與他們一起工作，而不是站在高人一等的專業位置上，獨斷地決定身心障礙者的需求，把他們當成依賴者；又期待他們像平常人一樣參與勞動市場，而最起碼的交通、生產設備、公平對待、就業機會、資訊流通、資金投入都不提供。

本書新版除了繼續倡議社會模式的身心障礙社會工作之外，作者花比較多筆墨在介紹獨立生活（independent living）方案，幾乎占了全書的一半。獨立生活方案並非起源於英國，而是出自1970年代的美國。英國的獨立生活運動從1980年代才開始。然而，身心障礙者的獨立生活方案，必須有住宅、資訊、交通，以及個人服務作為基石；也必須有直接給付的個人助理制度作為管道。這些正是社會模式的身心障礙福利所強調的，如果社會環境仍充滿限制（硬體的無障礙環境設計、軟體的資訊接近與社會包容），身心障礙者如何實現獨立生活？

臺灣正在實施ICF新制，到目前為止，新制的推動似乎仍僅限於形式的上路。ICF最重要的精神之一就是不再以個人模式了解身

心障礙者，活動、參與和環境變數的加入，強調身心障礙者生理—心理—社會的全人觀點。社會環境被納入思考，雖然不容易操作，但是，擺脫醫療觀點對身心障礙者的理解是必要的。其次，強調跨專業鑑定決定需求，需求決定服務提供；而不再是過去的醫療鑑定決定身分，身分決定福利。可惜，政府大多以資源不足為藉口，無心改善環境、增加資源，只讓身心障礙者以新制來重新鑑定，卻無機會因新制評估需求，獲得真正符合身心障礙者需求的服務。

復加上當前政府部門充斥著外包政府的策略，政府積極推動公私伙伴關係，卻是政府出資、規劃、招標、審查、評鑑民間社會福利團體，而民間團體礙於資源不足，特別是家長團體，只好競相前來投標。問題是政府是否了解身心障礙者真正需要什麼？政府以資金誘導民間團體的服務提供方向；以採購法框架民間團體的工作模式；以評鑑制度綁住民間團體的手腳。若不調整這種公部門領導／私部門依循的合作模式，很難推動社會模式的身心障礙社會工作。特別是在政府領導無能的情況下，不問專業，只問政治；不求反思，只想控制，問題更嚴重。臺灣身心障礙者的權益與福利保障還有很長的路要走。

本書新版的付梓，對正在推動 ICF 新制的臺灣身心障礙福利體系，有如暮鼓晨鐘，提醒跨專業工作團隊，要把身心障礙者當成是一起工作的人們（people），而不是「案主」；社會工作者在做的不是什麼「處遇」，而是一起工作（work with）。

林萬億

於臺灣大學社會工作學系

譯者序

　　我在 2004 年初次翻譯 Michael Oliver 所著的 *Social Work with Disabled People*（譯書名：《失能、障礙、殘障：身心障礙者社會工作的省思》），對於作者提出身心障礙的社會模式，大概是聽其名、譯其句，但不聞其義的狀態，事後有一些朋友向我提及，受到這個中譯本裡概念的介紹，得到很大的啟發，我個人尚未能理解。在我公部門辦理身心障礙者就業服務工作的過程中，對於我所學習到的社會工作知識，為什麼應用在此業務上，經常有力不從心之感，亦少有聯想到作者提示的社會模式概念。

　　2013 年，我再讀作者出版本書的第四版，回想過去十七年間，從 1997 年《殘障福利法》修訂為《身心障礙者保護法》後，公部門經歷了公共行政上的重新調整，原本在各縣市政府，只有社政機關負責身心障礙者的服務，其他單位往往忽視身心障礙者也是他們施政或服務的對象。在這次修法後，有些政府機關被分配到新任務，除了傳統的勞政、教育、衛生單位外，其他如交通部門要規劃無障礙可及的交通工具、建管單位要推動建築建物的無障礙空間規劃、財政機關要規劃服務提供者的稅捐減免事宜，從政策面來看，身心障礙者開始成為各政府部門應考量的服務對象，而應有相應的規劃；到了 2008 年再度修法時，再增加了金融、警政、法務、文化、通訊傳播等政府部門的權責。早年臺灣身心障礙者倡導團體走上街

頭，訴求的是基本生存權利，沒有工作快活不下、沒有支持服務，無法從困境中走出來；然而這幾年，我們看到身心障礙者走上街頭，爭的是平等受教的權利，爭的是平等取得文化參與與資訊的權利。不論是政府的立法政策，或者是來自民間使用者的聲音，都已經使臺灣的身心障礙者處在一個不同於以往的脈絡了。而我也從當年的基層承辦人員，調升至主管階段，更能了解各種資源協調及倡導時的困境與限制。

身心障礙者做為社會公民，他們的各項權利、應得的服務，似乎都得到了立法的回應，這不就是本書介紹社會模式所主張的精神嗎？當年翻譯時的懵懵懂懂才逐漸回了神。但是回到本書作者表達的一些擔憂，他問道：社會工作再不警覺於身心障礙者在社會結構中遭受的不平等、權利被剝奪，總有一天，身心障礙者也將不再需要社會工作者，他甚至直言：社會工作已死。這樣的提醒，再放到修法十七年後的臺灣，則更能體會實務進展的有限及作者的擔憂何來。

我們雖然看到政府部門的一些措施，開始考慮障礙者做為使用者，而採取相應的規劃，但是不可否認的，政府部門的許多思維，仍將身心障礙者的需求視為「額外的、特殊的」，甚至侷限在特定施政範圍，只為對身心障礙者有個交代，而最常解釋的理由包括：預算有限、使用者人數不多、各障別差異太大等，因此，雖然我們的立法架構逐步有了社會模式的影子，關注身心障礙者做為全人、參與社會的可能性，但實務上，身心障礙者卻仍然是化外之民，倡導團體還是不時的走上街頭，抗議政府對身心障礙者權益的漠視。這個落差就是本書的主旨所在，不論在立法及政策架構上如何進

展，如果所有執行者的觀念仍停留在視身心障礙者為個人悲劇、個人問題的思考上，那麼身心障礙者所面對的壓迫性環境，仍將繼續施展其威力，並將持續吞噬點點滴滴累積的微幅進步。不論學者將社會模式講得如何完美與先進，但最終要落實，還是有待實務工作者從觀念上改變，才能讓社會模式的概念滲入公共行政或非營利組織的方案中，進而發展能實現社會模式的實務。回想初譯此書時，讀者的反應，以及個人在工作上的困惑，終於在再次閱讀與翻譯中，得其真義，也越發了解在政府公共行政上，各種政策從規劃階段到執行階段，充分考量身心障礙者使用服務、表達意見及落實公民權的重要性。

本書全面的介紹身心障礙社會工作中的重要議題，包括教育、就業、住宅與獨立生活運動的發展，此外，也一一檢視身心障礙者在不同社會角色的處境，包括兒童、家庭成員、兩性關係、為人父母、邁入老年等，它還介紹了我們較為陌生的兩個主題：加工自殺（安樂死）與仇恨犯罪。而英國實施的直接給付制，完全突破臺灣從政策到實務的想像，如何讓服務回到使用者手中，自己決定，並且學習承擔決定的結果，不僅在公共政策上是嶄新的學習，也是對實務工作者角色的挑戰，更是突破社會對身心障礙者能力的想像，如果所有的政策與服務真正的想促成身心障礙者獲致獨立及尊嚴生活，那麼我們還有什麼需要發展及努力的？本書的討論，也提供了思考的方向。在現行社工教育中，我們是否欠缺社會模式的認識，而偏限於個人模式的學習，專業組織究竟是要維持專業地位，還是要服務人群，作者也都提出了批判。雖然本書是以英國的政策與實務為寫作題材，但在我國的實務上，仍有許多可相通之處。不論是

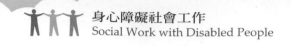
公部門或非營利組織從業人員,都能在當中得到新的領悟。

　　翻譯本書的過程中,我經歷了擔任身心障礙者業務的主管職務,經常在政策理想與實務現實之間穿梭,全書譯畢後,獲得出國短期進修的機會,前往澳洲研習身心障礙者就業服務政策與服務,對於社會模式的理解又有了新的認識,本書的內容,又更加鮮活的與我的服務經驗與研習經驗對話起來,而成為難得的學習過程。

　　翻譯著作,仍難免因譯者學識經歷之不足,偶有疏漏,尚祈各界不吝指正。另感謝心理出版社一直關注身心障礙服務領域知識的傳播,讓這本中譯本有緣再現。

導讀：提綱挈領

　　十九世紀末，慈善組織會社（Charity Organisation Society）派出第一位醫院社會工作者，從那時開始，孕育出身心障礙社會工作。第二次世界大戰時，社會工作已成為一個特定的職業，儘管它正朝向專業發展，包括在大學中樹立地位、在兒童及健康照顧工作上的積極表現，以及受到心理分析學派的影響等，但社會工作仍僅限於是一種秉持功利精神（utilitarian principles）的福利行政工作而已。政府只關心福利是否能依其預定的原則分配，是一種對救助者的補救措施，而不在乎是否能發揮安撫人心的效果。理論上，社會工作者的角色是評估人的行為及動機，以決定如何最有效地幫助他們自力更生。然而實際上，福利機構卻更想調控服務的設計與管理，因為它們認為要人們自力更生是一回事，但有些需求是長期性的，二者不能混為一談。

　　1990 年代早期，上述調控已進入制度化階段，社會工作被照顧管理專業所取代，一切以財務責信與服務配置為主導原則，Sir Roy Griffith 的報告書《行動綱領》（*Agenda for Action*）、《照顧人民白皮書》（*Caring for People*）以及後續的立法──1990 年的《全民健康服務與社區照顧法》（NHS and Community Care Act）──將照顧管理者（care managers）導入地方政府的社會工作與社會服務部，他們的角色是評估身心障礙者的需求，並購買社會照顧服

務，以符合障礙者的需求。社會服務部門是一個「使能型政府」（enabling authorities），而非直接提供照顧服務，雖然當時很多照顧管理者都是社會工作者，但這並非必要條件，許多職能治療師、家事助理組織人員（home help organisers）也都可以擔任這樣的角色。

　　長期以來，社工界一直有許多辯論，包括要通識化還是專精化、社區化還是個人化、關注物質照顧還是情緒支持、專業要獨立還是由政府贊助等等，但這些都只關心效率，而非挑戰社會工作在管理福利上的角色。儘管管理的角色仍存在於地方政府，但許多社會政策中的新措施卻都已開始挑戰社會工作的必要性。

　　傳統上，不論地方或全國性政府都會建構一套福利對象需求的概念，進而形成社會福利的內容，亦即有何種服務可使用，並建構出案主團體。不過在過去四十年，身心障礙者極力爭取應由他們來決定和國家之間的關係，包括決定社會工作要扮演什麼角色。儘管「第三條路」（third way）一詞仍有許多爭議，但 1997 年工黨政府上任，確實是支持獨立生活（independent living）的想法，將服務的主控權從社會福利機構手中回歸到身心障礙者身上，直接現金給付（direct payments）也擴大到包含所有接受社區照顧服務的對象，並加強 1995 年的《身心障礙歧視防制法》（Disability Discrimination Act）。

　　新工黨上臺後的行動，進一步改變了社會工作組織的結構。首先，中央全國社會工作教育與訓練委員會（Central Council for Education and Training in Social Work, CCETSW）與全國社會工作協會（National Institute for Social Work, NISW），被社會照顧委員會總

會（General Social Care Council, GSCC）所取代，在蘇格蘭與威爾斯亦同。這些組織原本負責訂定社會工作的標準，所有的社會工作者都必須向社會照顧委員會註冊，否則不得以社會工作員的名義工作。而 GSCC 後來又被健康專業委員會（Health Professions Council）所取代，同一時期社會工作協會（College of Social Work）也成立，成為社會工作發聲的管道。其他 CCETSW 的行動則轉由個人社會服務訓練組織〔Training Organisation for the Personal Social Services, TOPSS，現已改為照顧技能組織（Skills for Care）〕，該組織的專門任務即為訂定社會工作全國職業標準。

NISW 的功能後來也一部分分別由兩個組織提供，即社會照顧電子圖書館（Electronic Library for Social Care, ELSC）與卓越社會照顧研究機構（Social Care Institute for Excellence, SCIE），負責審定及推動有效的社會工作與社會照顧實務。SCIE 的首屆主席由全國獨立生活中心（National Centre for Independent Living, NCIL）的理事長 Jane Campbell 擔任，另外社會照顧委員會的理事會（governing body）中也納入服務使用者，都是讓身心障礙者全面參與的新承諾。這一連串的發展之下，社會工作者和案主之間的關係到底變成什麼？更重要的是，社會工作到哪裡去了？

「社會工作」一詞在此是指一系列有組織的專業活動，代表一些人或團體。這些活動的內涵是對個人、團體或社區提供服務，所謂「專業」，代表從事這些工作的人具備資格能力，並且因此獲得報酬。提供服務不只是將需求與資源媒合，更重要的是專業者必須和身心障礙者一起協力，確認他們的需求何在，並為他們爭取適當的資源。執行這些行動的單位可能是社區照顧信託組織、社會服務

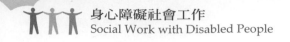

部、醫院、照顧機構（residential accommodation）、志願組織等。至於所運用的方法包括個案工作、團體工作與社區工作，實施的場域包括家庭、住宿照顧中心（residential care）、日間照顧中心與庇護中心。

儘管社會工作似乎已經被限縮成服務管理，但上述的描述顯然仍是非常廣義的定義。曾經有很多理由希望社會工作能將從事的活動縮小範圍，但在身心障礙者服務的領域，這萬萬不可。本書從頭到尾都會提醒，身心障礙絕非個人的問題，而是社會的問題，是不良的硬體與社會環境對傷殘者的限制所造成，或者是社會如何對待特定弱勢群體的問題。因此，身心障礙領域的社會工作實務應該擴大，而非縮小，原因是：

> 許多身心障礙的問題是社會條件與社會服務干預下的結果，例如醫療服務並不能解決低收入、社會孤立、建築物的障礙等問題，這些才是身心障礙者的主要困境。爭議點就在於政府科層中，醫療模式凌駕於社會服務之上，其間的差異正是來自二者對於問題與處理方式，在意識型態與理論上的差異。（Albrecht & Levy, 1981: 23）

社會工作理論與實務之間的關係也一直是個問題，象牙塔裡的學術已領悟到理論與實務脫節的現象，社會工作界也有一定的理由解讀。將社會工作視為實務活動，在政治上當然是誘人的說法，也確實促成理性的健康管理模型（Social Services Inspectorate, 1991a, 1991b），但在身心障礙者的領域，社會工作實務一點也不是新鮮

事。如 Hanvey（1981）、Bell 與 Klemz（1981）都曾身體力行，他們都認為供需的媒合不是什麼大問題，有各種原因造成不同的身心障礙狀況，就會有一個法定架構，讓身心障礙者的需求可以對應到適合的服務。這種實務取向的傳統在「社會工作理論」的書籍中比比皆是，強調的是介入的方法，而不是對社會問題的認識，或這些介入產生的影響。此種觀點更進一步深植於以專業標準與實證為基礎所發展的社工能力培訓，但它卻忽略了重要的問題：什麼是「需求」？我們提供的服務是適當的嗎？Sapey（2004）就指出，如果社會工作者和身心障礙者對於介入的目標並無共識，那麼發展各種實證為基礎的實務有什麼用呢？

身心障礙社會工作如果只是在法定架構下媒合供需這麼簡單就好了！本書認為主流的身心障礙觀點認為它是一種個人悲劇或災難，無異是大錯特錯，甚至會導致提供不適當的資源。社會工作自視為有組織的專業行動，不僅忽略身心障礙者，且經常從視身心障礙為個人災難的基礎上進行介入。

本書的第一個主要看法是社會工作作為一種有組織的專業行動，太少去思考身心障礙的問題，並重複的運用傳統思維在社會工作實務上。其次，這種對身心障礙的觀點完全錯誤，與許多身心障礙者真正的生活經驗是不相符的。因此本書的第三個重點是，要進一步提出對身心障礙概念的適切詮釋，並提出它對社會工作實務的意涵。

第 **1** 章

社會工作與身心障礙者：
鑑往知來

第一節　鑑往

社會工作的角色與任務

　　1970 年以前，只有健康服務或志願組織才會提供身心障礙者及其家庭協助。在《Seebohm 報告書》（Department of Health and Social Security, 1968）、地方政府重組以及 1970 年的《慢性病與身心障礙人士法》（Chronically Sick and Disabled Persons Act）一連串的發展後，才逐漸確立身心障礙者的服務是政府社會服務的責任。爾後 1990 年的《全民健康服務與社區照顧法》（National Health Service and Community Care Act）帶動成人社會服務的改造，1989 年的《兒童法》（Children Act）則開啟身心障礙兒童的服務。

在 1980 年代中期以前，身心障礙者一直感受到服務分配不公平的情形（Feidler, 1988），做為服務使用者，他們也抱怨對於服務沒有任何自主性（Shearer, 1984）。然而，政府關心的事卻是不斷增加的成人福利服務支出（Audit Commission, 1986），雖然《1986 年身心障礙者（服務、諮詢與代表）法》〔Disabled Persons (Services, Consultation and Representation) Act 1986〕希望確保身心障礙者能夠參與需求評估的過程，只是好景不常，很快的被 1990 年的法案取代，轉而偏重將準市場機制導入福利服務部門，並發揮控制預算的效果。這使得地方政府更需增強需求評估的角色，而身心障礙者的運動則持續訴求爭取在個人助理服務（personal assistance）的主控權（Oliver & Zarb, 1992; Morris, 1993a; Zarb & Nadash, 1994）。最後的結果之一是促成 1996 年的《社區照顧（直接給付）法》〔Community Care (Direct Payments) Act〕，在這個法令之下，可以直接把現金付給案主。直接給付與讓使用者控制服務，成為社會照顧政策的核心：「成人社會服務的最高指導原則就是提供人們所需要的支持，使他們能充分發揮能力與潛能。」（Department of Health, 1998: para. 2.5）

政府同時也應採取下列行動，減少使用機構式的照顧（Department of Health, 1998: para. 2.11）：

- 更好的預防性服務並以復健為焦點。
- 持續發展直接給付的制度。
- 對於能就業者，應給予更好的支持。
- 應改善審查與追蹤方式，考量人們需求變動的可能性。

- 改善對於有心理健康問題者的支持。

- 提供照顧者更多支持。

政府出版《社會照顧品質策略》（*A Quality Strategy for Social Care*）（Department of Health, 2000）與《社會工作訓練手冊》（*Requirements for Social Work Training*）（Department of Health, 2002）兩本出版品，都強調社會工作者應學會如何和服務使用者建立伙伴關係。衛生部（Department of Health）也籌措經費協助大學可以邀請服務使用者參與社會工作教育，甚至將身心障礙者請到課堂上擔任老師。這種做法扭轉了只有社會工作者才是專家的觀念，轉而接受身心障礙者就是自己的專家。

雖然說社會工作者的角色常受到組織發展所影響，但實際上他們改變得極少。在理論上，社會工作者一直以來都有非常多元的角色，從提供個人與家庭協助、需求評估、提供支持與復健服務、提供社會照顧人員的支持與訓練，及協調各種不同的方案（CCETSW, 1974; Stevens, 1991），但實務上，社會工作者的角色其實有許多限制。

許多研究都曾著墨於社會工作與身心障礙者的關係，但助益不大，社會工作者常未能了解與身心障礙者工作的重要性。Priestley（2004）就批評社會工作者的核心角色根本就在製造依賴：

如今照顧評估與管理變成一種界定身心障礙者需求的獨特方式，像是「守門人」的技術性實務。在購買式服務的價值觀下，「照顧」比「獨立生活」來得更重要，只關心個人的照顧

與有限的家庭雜事處理，忽略了社會融合的重要性。因此，照顧評估是將身心障礙者隔離在家中，也更加強化了他們對照顧的依賴。（Priestley, 2004: 259）

1990 年代福利管理主義的發展，使許多社會工作管理者轉變成品質保證的信徒，其基本信念認為由誰提供服務並不重要，只要有提供就好了，但這和福利消費者的經驗相左（Howe, 1987; Morris, 1993a, 1993b; Willis, 1995），他們認為社會工作者如何執行工作是很重要的事。上述基本信念忽略《濟貧法》（Poor Laws）時代的經驗智慧，在那個時代，福利官員應「人性化的處理貧民與政府之間的關係」（Albert Evans MP quoted in Silburn, 1983），才能克服接受國家救助者的烙印效果，同時也偏離實務證據。例如 Dawson（2000）指出申請直接給付時，最關鍵的就是社會工作者的態度，接觸到專業實務時獲得正反不同的效果，對身心障礙者的生活絕對有影響。本書第三章會進一步說明有關直接給付的議題。

社會工作者遭受的批評不止於此，論者批評社會工作者沒有發展出介入所需的理論與實務，身心障礙者尤其批評社會工作者不了解他們的傷殘及長期疾病、給付與權利，也不了解實務上救助的需求是什麼、應給予什麼口頭上的建議，更不懂得如何讓身心障礙者參與訓練過程。他們同時感覺到在專業與案主的關係中，兩造並不平等（Finkelstein, 1991）。更重要的是，社會工作者並沒有打算全心投入對身心障礙者的服務。

在就業年齡層的身心障礙者中，肢體障礙者不論合於接受社會照顧或不符合資格，都是人數最多的一群，但社會工作對這群人的

支持與服務的投入，比起對學習障礙成人或心智障礙成人卻來得少，這是因為社會工作者的職涯選擇，有時社會工作把對肢障者或感官功能障礙者的服務，只當成服務老人時「附加」的項目而已。

Sapey（2004）曾指出與社會工作有關的身心障礙研究文獻，只有八分之一曾發表在社會工作期刊，其中又有一半以上是由身心障礙者自己進行的研究，這顯示社會工作對身心障礙的研究興趣不高。

由於身心障礙議題的教育訓練課程不當，使社會工作者對於與身心障礙者工作感到力不從心。個人對於身心障礙的恐懼，使社工人員不願涉入個人從傷害的悲情中調整過來的個人與社會過程。不過最主要的批評還是在於社會工作者和其他許多專業一樣，都建立在對身心障礙者錯誤的理論模型上，因此社會工作的介入範圍會如此受限。當然有許多人想從社工界內外部做些改變（Oliver, 1983, 1991; Holdsworth, 1991; Stevens, 1991; Middleton, 1992, 1995; Morris, 1993a, 1993b, 1997a; Swain et al., 1993; Thompson, 1993; Cavet, 1999; Oliver & Sapey, 1999, 2006; Moore et al., 2000; Read & Clements, 2001; Harris, 2004; Glasby & Littlechild, 2009），只是社會工作者的老闆們似乎沒有太大改變。如同 Holdsworth（1991: 10）所指出：

> 如果要避免個別社會工作者和僱用機構之間的衝突持續，那麼充權社會工作就應從社會工作者的態度開始，最終影響到社會服務部門及整個社會。不過，整個社會與社會服務部（Social Services Department）的觀點很難迅速的改變，因此個別的社會工作者可能仍必須經歷和僱用組織之間零星的衝突，並和案主

結盟來完成共同合議的服務需求。

在進入說明什麼才是合適的社會工作介入模式前,還是必須先談談什麼是不合適的模式,那就是身心障礙的「個人模式」(individual model of disability)。

第二節　知來

社會工作的角色與任務

近來社會工作的角色持續的擴張:

社會工作專業要推動社會變遷、解決人群關係的問題,並且要充權及解放人群,以提高他們的福祉。社會工作運用人類行為與社會系統理論,介入人與環境的互動,人權與社會正義成為社會工作最重要的原則。(General Social Care Council, 2008: 9)

雖然在不同情境下,社會工作者會執行不同的特定任務,但社會照顧委員會總會(General Social Care Council, 2008: 16)指出對兒童及成人的協助應包括以下內容:

- 克服身心障礙的問題。
- 協調處理成人轉銜與促成獨立生活。

- 取得直接給付、個別的預算與其他資金來源。
- 確保個人助理、裝備與就業的調整。

此外，社會工作者也應確保福利提供建立在公平及適足的基礎上：

（社會工作者）應確保公共資源的分配與經費運用都是公平的，同時也要讓主事者知道服務的品質、型態與規模是否有不符需求的情形。（General Social Care Council, 2008: 16）

就算有這麼多目標，如果社會工作者一開始就不了解身心障礙者，必定也會失敗。

第三節　認識身心障礙者

「什麼是身心障礙？」要問答這個問題，需從三方面來談。首先是整體社會意識或文化的意義，其次是專業的定義，第三則是個人實際的感受，是身心障礙者自身的解讀。

一、對身心障礙的整體社會意識與文化觀點

大多數的觀點都將身心障礙視為一種個人悲劇或災難，然而，並非所有社會都如此，也有視身心障礙為神鬼附身著魔的表徵。不過文化、風俗與信仰都會改變，即便在相同的文化中，對身心障礙

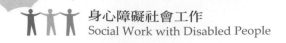

的看法也不會完全一致：

> 所謂「身體的障礙」，在民族學資料上是最難處理的，對我們
> 來說，這就是指社會中較罕見的一群人，也就是沒有什麼邏輯
> 上或醫學上的一組徵狀，例如紅髮是一種身體特徵，在某些社
> 會情境裡，它也被視為是一種障礙，但這種情形卻不會被算進
> 身體障礙。而外在的徵狀也不是唯一的判別標準，比如患小兒
> 麻痺症的人可能會不良於行，成為障礙者，但穿了不合腳的鞋
> 或腳被沸水濺到，也會行動不便，卻不會被視為障礙者。
> 如果再加上其他文化的概念，那就更複雜了，即便假設每個社
> 會都有一群這樣的人，它所指的內容也大不相同。美國達拉斯
> 人眼中一個難看的受傷疤痕，到了西非的達荷美共和國（Daho-
> mey）可能變成備受尊榮的標示。（Hanks & Hanks, 1980: 11）

　　文化中對身心障礙不同的概念，並非隨機產生，這些差異源自幾
種原因，像社會結構類型，如行動力受限在農業社會裡可能不是個問
題，但在狩獵與採集社會就不然。而生產方式也是可能的原因：

> 工廠工作的速度、強制的紀律、守時與生產的規範等，這些相
> 對於速度較慢、可自我決定，以及更有彈性的工作所做的改
> 變，使得許多身心障礙者難以適應而被工作世界隔離。（Ryan
> & Thomas, 1980: 101）

　　Gleeson（1999: 195）從社會模式的觀點進行身心障礙的歷史地

理分析時指出，生產方式的觀點，「認知身心障礙者的唯物現實，並透過特定方式穿透不同時間與空間更加具體化。」

因此社會結構與社會的價值觀，形塑了文化觀點下的身心障礙定義，一個社會的階級結構如果立基於個人成就創造成功的價值，那麼身心障礙者受限於能力、無法和人公平競爭，勢必會排在整個階級的最底層。社會的中心價值如為宗教，則對於身心障礙的解釋可能會是對犯罪的懲罰、妖魔附身或完全相反的是神的意旨降臨揀選的結果。

這許多因素都會形成對身心障礙的社會態度，不論把身心障礙視為個人悲劇或災難，都是一種文化上特定的觀點，但並非唯一觀點，只是它是現代社會或後工業化社會經常出現的定義。從專業的觀點來看，身心障礙的概念就大不相同，其對服務與介入的意涵當然也不一樣。

二、當前專業定義下的身心障礙

Townsend（1979）指出專業上的定義可區分為五大類：異常或損失、臨床症狀、功能限制、偏差及不利地位。這些類屬全部都屬於身心障礙的個人模式，並且為當今主流。雖然其中任何一項並無對錯之分，但都是為了特定目的或條件發展出來，每一項也都有值得評論之處：

1. **異常或損失**：這可能是結構上的、身體的或心理的損失，可能指的是像失去一條腿、一部分的神經系統或一種感官功能（如視覺或聽覺）。失去任何一者並不一定會造成障礙，有些人即

便失去雙腿，仍能有精采豐富的生活；但有些人也許只是顏面有很小的疤痕，卻足不出戶，懼怕他人異樣的眼光。

2. **臨床症狀**：指會改變或中斷身體與心理正常運作的疾病，其診斷很困難，且什麼情形算是臨床上的症狀也有許多爭議。

3. **日常活動的功能限制**：是指因沒有能力，或至少能力受到限制，而無法執行「正常的」個人或社會的任務。不過要找到客觀標準來測量能力或者哪些能力是受到其他因素的影響，如年齡、性別或動機等，都是十分困難的事。外在因素也很重要，比如坐輪椅的人如果住在一般設計的住宅，很可能行動受到很大限制；但如果住在專為輪椅使用者設計的房子，就沒有任何問題。再者每個人都會經歷老化過程，漸漸感到行動不便，這是正常可預期的發展，然而不同的專業經常把老人視為身心障礙者，但老人本身或整個社會並不同意這樣的定義。

4. **身心障礙是偏差**：這有兩個層面，第一是異於一般身體與健康的正常情形；第二是異於特定個人或群體的社會地位所應有的合宜行徑。當我們將身心障礙視為偏差行為時，該如何界定什麼是常態，又由誰來界定呢？講到差異行為也有同樣的問題，誰來確定什麼是正常或適當的行為，參考的依據是什麼？到底是偏離正常人的合宜行為是異常，還是偏離身心障礙者的常態行為才是異常？

5. **身心障礙是一種不利地位**：這是指將資源分配給不同社會階級中的人，而身心障礙者所得到的資源往往不及非身心障礙者。此時又擴大了身心障礙的概念，它所指的不只是遭受到社會性不公平待遇的肢體障礙者，以及 2010 年《平等法》（Equality

Act）中所列出的九大類特性障礙者，還包括教育資源匱乏者、
酒癮者與單親家庭。

　　身心障礙的「個人模式」假設身心障礙人士所經歷的問題，都
是他們的傷殘直接造成，專業人員也相信應調整個人來適應外在造
成障礙的環境。就如同有一種重建計畫，用來協助人們盡可能重返
正常生活，像肢體障礙或感官障礙人士，就運用心理調適使他們能
與障礙共存。社會工作界之所以要接納這種主流的個人模式，也是
為了爭取專業地位與接納：

　　為了追求專業地位，社會工作要強調醫學、心理治療、個人模
　　式，這樣最能確立他們的專門知識與專業主義。（Wilding,
　　1982: 97）

　　在這種工作方法下，認為身心障礙者是經歷了重大損失，為了
要適應，必須要藉助一些悲傷哀悼的儀式，就好像人們失去所愛的
人一樣哀悼。人們一定要經歷這種哀悼儀式才能處理死亡或障礙。
　　這種個人主義的解釋，遭到三種批評。第一，它潛在的假設是
個人是被其遭遇所決定，唯有透過一連串心理機制或固定的階段才
能適應傷殘帶來的影響；其次，適應完全是個人的事，是身心障礙
者個人的問題，因此忽略了家庭狀況或更大的社會環境；最後，這
種解釋和許多身心障礙者本身的經驗不相符，他們並不曾經歷悲傷
哀悼或一連串的調適階段。Clark（1969: 11-12）舉例如下：

失明並不影響個人的智力與情感,真正改變的是失明者和外在世界的關係,這是他自小習以為常幾乎沒有察覺的關係。

Neimeyer 與 Anderson(2002)的意義重建觀點(meaning reconstruction approach)也不同意所謂的階段模式,他們認為在失去之後,人們會透過三個面向來重建意義,分別是製造意義、尋找利基,與重建認同。至於如何重建意義會根據人們的心理意向、精神信念與社會支持系統而不同,絕非經由一個事先決定好的心理過程。而階段取向則是一種控制性的身心障礙個人模式,其理論與「心理學的想像」是一致的。這些理論家想像成為身心障礙者會怎麼樣,假設那是個悲劇,因此認為需要一個困難的心理調適機制來因應。

另一個問題在於這種解釋非常個人化,但就政治上而言也比較方便。當身心障礙者無法達到專業人員設定的復健目標,或者不停的去打擾地方的社會服務部時,我們可以說是因為他無法配合治療人員及適應他的「障礙」。這種解釋使人們不會去挑戰既存的社會世界,復健人員設定的目標也沒有問題,福利部門有無提供正確的協助就更不會受到重視了。

根本的問題依舊存在:與其質疑身心障礙者所處的社會現實狀況,社會工作者寧願只把一切當作理所當然,不加懷疑。當然,確實有許多身心障礙者在一定程度上都能發揮功能,所以假設這也是他們正常的每日生活,似乎也很合乎邏輯。簡單的說,就是調整適應是一件很正常的事,沒有什麼問題,Finkelstein 則批評這種想法等於是把正常人的標準常態用來解釋身心障礙人士的障礙意義,並

且是在一種「助人者／受助者」的關係下形成：

> 認為身心障礙者是有缺損的人，對助人者而言，可不是隨便說
> 說的，助人者／受助者關係的存在建構了這個假設，其邏輯是
> 「如果他們（指身心障礙者）沒有損失，就不會需要幫助」，
> 「由於我們這些人代表社會來做助人的工作，因此當然是由社
> 會來決定如何解決問題」。（1980: 12）

　　儘管批評不斷，個人模式仍成為主流，並且還承襲了 Kuhn
（1962）所說的是一種「典範」（paradigm），也就是有一套知識
讓所有在這個領域工作的人們可以遵從。不過典範也可能被取代或
被革命推翻，革命的過程有時就只是由對典範的零星批評所點燃，
新的典範才會發展取代舊典範。既然已經提出了這批評，接下來就
應該來看看新的典範是什麼，也就是身心障礙的「社會模式」。

三、個人經驗

　　把身心障礙視為個人悲劇或災難，並不能解釋身心障礙者受到
排除或限制的處境。有另外完全不同的一種看法，來自身心障礙者
個人的實際經驗，在 1970 年代首次由身心障礙者自己寫道：

> 我要強調的是，至今為止，我們一直說身心障礙者的身體特徵
> 就是有障礙，這完全是大錯特錯。也許自古以來人們確實一直
> 這樣認為，但它導致許多負面的結果，現在，我們有機會重新
> 建構不同且更有用的想法，重新詮釋身心障礙者所面對的問題

更為重要。（Finkelstein, 1972: 10）

　　重新建構的過程中最重要的，就是改變以往只關注人的身體或心理遭受的限制，轉而重新看見硬體結構、社會制度、文化與社會環境加諸於特定類屬或群體的限制。Shearer（1981b: 10）掌握了這個重要且必需的轉變，在國際身心障礙者年（International Year of Disabled People）時提出了她的批評：

　　1981 年身心障礙者年的第一個正式目標是：「協助身心障礙者身體與心理能適應整個社會」，但是真正的問題並非如此。我們的社會有多大的度量可以調整它的步伐及期待，來接納身心障礙者；又如何將造成諸多限制的障礙去除？

在社會模式中要調整的是社會，不是身心障礙者。
　　更有人主張，這不僅是社會要調整它的步伐與期待，更要去除適應不良下產生的社會壓迫。身體損傷者反隔離聯盟（Union of Physically Impaired Against Segregation，以下簡稱 UPIAS）的主張可以說明：

　　在我們的觀點中，是社會使身心障礙者受到阻礙。障礙往往限制住身心障礙者，使其被隔離於社會參與之外。要分辨這點，必須要了解身體的損傷以及社會對這些障礙所造成的不便。身體損傷失能（impairment）指的是像缺了四肢，或者四肢或身體器官有點損傷；而（身心）障礙（disability）則是由於社會

組織沒有顧慮到這些身體損傷失能的人，對他們的行動造成了
不便或限制，而遭致被社會主流的活動排拒在外。……易言
之，身心障礙是社會壓迫的另一種形式。（1976: 3-4）

　　身心障礙的社會模式認為身體損傷失能只是造成個人功能的限
制，但外部的障礙限制才是真正的問題，如下說明：

「身心障礙」（disability）是指活動的不便或限制，這是由於
社會在政治、經濟或文化規範上沒有考慮到身體傷殘者，使他
們被排除於主流社會活動之外（因此，身心障礙就如同種族主
義或性別主義，是一種歧視與社會壓迫）。
「身體損傷」（impairment）是個人心理、身體或感官的特徵，
它是長期的，可能是因病、基因或受傷所致。

　　有些身體的損傷及伴隨的功能限制，對於人類的多樣性來說，
是很普通平常的事，但外在的障礙就不是一成不變，它會隨著情
境、文化與社會制度或實務而改變。當社會沒有考慮到這群身體損
傷者時，就可能創造出很多障礙，包括態度上的、系統性的、文化
的或硬體的。因此在身心障礙的社會模式中，當我們說「身心障礙
者」時，是指身體有損揚的人被社會障礙所限制。
　　身心障礙的社會模式就如其他典範一樣，根本地影響社會的世
界觀，以及人們看問題的方式。簡言之，個人模式注意的是個人在
環境中的功能限制。而社會模式則認為障礙是社會世界創造出來
的，例如就業、住宅、休閒和健康設施，都沒有顧慮到這些特定人

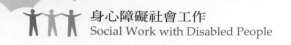

士的需求。

　　雖然 Shearer 與 UPIAS 都倡議社會模式，但二者仍有差異。Shearer 希望社會去除對失能者造成的障礙，而 UPIAS 則主張只有身心障礙者自己積極爭取，才能去除這些障礙。也就是說，前者認為這些障礙是可以由其他人為方式去除的，後者則認為是要自己去爭取。這兩種不同觀點所引發的社工專業實務必然不同，究竟是為身心障礙者而工作，還是和他們一起協力合作？

　　雖然身心障礙的社會模式是由身體傷殘者發想出來（Finkelstein, 1980; Shearer, 1981; UPIAS, 1976），但對於其他類型障礙者也是個實用的觀點。Harris（1995）指出，使用英式手語的聽障者在工作職場中，因為同事都是聽人，因此受到語言上的孤立。這股壓力使得聽障者會盡可能假裝自己和聽人一樣，她更指出，許多聽障者在職場中，完全缺乏和聽人同事之間有意義的溝通，聽障者所以會身受其苦，就是因為管理階層和同僚間不能包容及尊重語言的差異性，好像這是聽障者自己的問題，而不是聽人世界要面對的挑戰（Harris, 1997）。Harris 指出，如果聽人願意改變態度，並學習英式手語，就可以大大改變對聽障者不利的環境，提供一個充權的環境。

　　Sayce（2000）與 Beresford（2004）都認為身心障礙社會模式對精神障礙者也很重要。Sayce 認為一個身心障礙包容模式（disability-inclusion model），應包括反歧視立法與主張正向的認同，不要汙名化，這樣可同時對抗烙印與社會排除的問題。兩位學者都認為兩個模式之間是有一些緊張的關係，因為社會模式同意身體有損傷的事實，但許多所謂的「精神疾病」患者並不認為他們的狀態是一種身體損傷。只是外人卻認為精神障礙的確是一種損傷，他們也確實

是因此被歧視（Beresford, 2004）。

　　社會模式基本上接受身體損傷的概念，但卻有很多人批評社會模式對身體損傷的重視程度還不夠（Morris, 1991; Crow, 1996），本書下一章會再延伸討論。此外也有人批評社會模式沒有考慮到「動能」（agency）的概念（Allen et al., 2002），人們會使用動能來與自己的身體損傷共處，並善加利用環境，因為環境往往不能盡如人意。檢視人們如何運用自己的動能，可以了解身心障礙者如何在社會中求生存，同時可以檢驗社會制度與實務面，此時，社會模式是非常有用的工具。

　　Stuart（1994）也提出對社會模式的批評，社會模式的排他性使其未能解釋黑人身心障礙者面對多種壓迫的現象，他說明：

> 醫療化模型的壓迫，以及社會模式充權案主的潛能，不僅與身心障礙者有關，對黑人身心障礙者更是如此。此一觀點，或許擴大了人們了解造成身心障礙的過程，以及他們如何充權。但我們恐怕必須了解，黑人身心障礙者並不認為這個模式能如它的理論所說，帶來預期的解放與自由，因為，身心障礙的概念本身就帶有種族化的意義了。換言之，身心障礙的概念會因膚色或種族而產生不同的理解。（Stuart, 1994: 372）

　　黑人身心障礙者的經驗指出，種族主義在身心障礙的研究與運動中也是處處可見，在英國的其他機構或身心障礙組織，也無法避免對黑人的壓迫。Ahmad（2000）認為社會模式似乎有「過度西化」（over-westernised）的情形，因為它畢竟是來自特定歷史脈絡

下的政治運動。因此運用社會模式時，必須謹記它必須兼顧種族的多元關照、多重文化與多重信仰的觀點，如此方能充分了解不同身心障礙的概念，並提供完整的分析。

身心障礙的社會模式並不是在講身心障礙者本身，也不是在討論傷殘的經驗或他們如何運用動能，它真正關心的是未充分考慮到身心障礙者的社會制度、結構與實務。社會模式的論述及其被解讀的方式，常使人認為社會模式忽略了身心障礙屬於身體損傷的經驗，以及他們在不同情境中的處境，但這些原本就不是社會模式要處理的問題。模式本身是一個工具，它可以幫助我們檢驗不同情境，也可以用來了解各種不同的經驗，但並不必然直接指涉到他們的經驗。這些經驗必然是根植於文化，並反映出階級、種族、性別的差異，因此經驗的論述一定充滿也受到特定文化脈絡的影響。

當我們運用社會模式時，也必須了解，在歷史發展過程中，身心障礙者的經驗必然來自於特定文化對於身體損傷的反應（Gleeson, 1999; Borsay, 2005）。社會模式可被不同文化、種族、酷兒或性別研究運用來解釋在這些情境中的身心障礙者，這些學科都應該了解其社群中如何處理身心障礙的議題。

身心障礙的社會模式可以和其他理論或模式並存，如個別身心障礙者的障礙經驗之理論。Reeve（2002）引述 Thomas（1999）有關障礙之心理情緒面向之研究，指出身心障礙者漸漸將壓迫感內化，並非肇因於個人心理上的缺陷，而是身處於處處受阻的社會中遭受的待遇使然。社會模式隱含的價值，能夠有效抗衡這種壓迫，以 Tate 等人（1992）的研究為例，相較於接受傳統醫療取向服務的脊髓損傷者，如在急性復健期就參與「獨立生活計畫」，他們便能

很快適應新環境，並且負面心理影響也較少。

身心障礙的社會模式最重要的精神在於不再將身心障礙者當成問題，認為「他們有哪裡不對」，它完全排除個人病理模式（individual pathology model）。因此，當一個人不能發揮良好的功能時，應該檢討的是不良的社會環境、有問題的建物設計、其他人不切實際的期待、生產的組織或不理想的住宅環境。唯有這些問題都被充分考慮了，才能假設障礙已被移除，這些人才不再有「障礙」。

第四節　社會模式對社會工作之意涵

已有一些社會工作者與科系不再執著於個人模式，而能善用社會模式，但是社會工作專業至今仍未能有系統地注意並發展身心障礙的理論觀點，只把自己當成建構社會服務使用者的地方政府一樣。即便有許多文獻在探討反歧視的實務，但只有極少數人真正運用身心障礙的社會模式來對抗障礙主義（disablism）[1]，Thompson（1993, 2001）便是其中之一。

在討論對社工實務的意涵之前，條列出身心障礙社會模式的內容，可能與一般的認知有差距，因為理論應立基於實務，不應是先空談理論。不過如果實務工作者心中原已有一套內化且不適當的模

---

[1] 譯註：disablism 譯為障礙主義，泛指各種對身心障礙的壓迫、歧視或因障礙之故而施予不平等之對待，其相對詞為 ableism，則指有能力者對於沒有能力者（指身心障礙者）所為之強勢作為，亦包括歧視、壓迫等不當對待。

式，要靠實務去引導出理論就有點不切實際了，最後可能只是增強實務工作者原本信仰的個人模式理論。其次，身心障礙的社會模式是從身心障礙者自身的經驗發展出來，所以它是來自身心障礙者而非社會工作者的實務，因此我們會試著先提出一些理論基礎，再進入實務意義的討論，但由於社會模式的運用是很主觀性的，因此在此提出的內容會很簡要。實務工作者必須和身心障礙案主共同工作，找出完整的意義，而不是學術上運用理論去勾勒一個實務的藍圖。

如果從社會工作傳統的三個工作方法（個案、團體、社區）來看，是可以發展出一些實務相關的論點。例如，從個人模式轉變為社會模式，並不代表個案工作就壽終正寢了，確切的說，個案工作是一種技巧性介入的選擇，我們並不否認人們會對他所失去的功能傷心難過，但這些情緒不應該主導社會工作者對問題的評估。因此，悲傷輔導或諮商工作在某些時候仍是需要的，但絕不能因而忽略他們失去獨立生活，以及應該去除障礙社會的阻礙之必要性。有些發展性疾病的身心障礙者需要長期的支持，這只有靠個案工作建立關係才能為之，甚至有時整個家庭都會是個案工作介入的目標（參見 Lenny, 1993; Oliver, 1995; Reeve, 2000, 2004; Lago & Smith, 2003 等對諮商的討論）。同樣的，個案工作也可用以協助身心障礙者學習如何更有效的使用直接給付的現金。

團體工作也不必完全聚焦於為身心障礙者及其家庭創造適合治療的環境，而可以成為資訊交流的平臺，了解如何及向何處申請服務，甚至發展自助的基礎，讓身心障礙者更有自信，了解到不是因為他們身體的損傷造成障礙，而是社會將他們排除在外造成。此外

團體也是讓身心障礙者重拾生活責任的重要工具。

運用社區工作方法進行介入也有令人振奮的發展，經過身心障礙者長期爭取的努力，政府在 2005 年發表了《提升身心障礙者生活機會》（*Improving the Life Chances of Disabled People*）的報告，要求地方政府在現存的獨立生活中心（Centres for Independent Living, CILs）應設立使用者導向的組織（User Led Organisation, ULO），這是身心障礙者長期爭取的一次成功表現。它也使社會工作者有機會和身心障礙者可以一起合作運用社會模式支持獨立生活運動。CILs 和 ULOs 將在第三章中加以介紹。

一、理論與實務

如以理論引導實務來探討身心障礙議題時，可能有一些符合社會模式的社會工作實務發展會被忽略，因為有許多理論是由身心障礙者或其組織所發展出來，非常實務取向，這也造成理論與實務各走各的路，無法融合在一起形成先前提到所謂的「典範」。

雖然我們希望實務能引導理論，但很少人了解實務工作已立基於身心障礙的個人模式所設下的假設與觀點。要分析社會工作者及其管理者所使用的服務之理論基礎，吾人可以參考 Oliver 與 Bailey（2002）探討某地方政府服務所運用的概念架構。這個架構用三個觀點探討服務提供，分別是人道主義（humanitarian）、順從（compliance）與公民權（citizenship）。

二、人道主義觀點

依據人道主義的觀點，提供服務是基於對不幸者的善意，因此

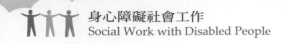

提供者控制服務，而使用者要心存感激。如此導致提供者往往覺得他們在做好事，而使用者是不知好歹。這個觀點亦稱為慈善觀點，摘要簡述如下。

1. 提供者

- 我們知道怎麼做是最好的。
- 個人模式——身心障礙者本人就是問題。
- 施惠於案主。
- 案主應感恩。

2. 身心障礙者

- 不喜歡被照顧。
- 拒絕個人模式。
- 不被當人一樣的尊重。
- 服務是不可靠的。

3. 結果

- 衝突。
- 缺乏信任感。
- 服務不適切。
- 滿意度低。

三、順從觀點

順從觀點認為，服務係基於政府的政策和立法。1995 年的《身心障礙歧視防制法》（Disability Discrimination Act）的重要性無庸置疑（最近已為 2010 年《平等法》取代）。其他立法包括 1996 年的《社區照顧（直接給付）法》、1990 年《全民健康服務與社區照

顧法》、1970 年《慢性病與身心障礙人士法》。這麼多法令下，政府通常只做最少干預，不論在服務輸送的原則或實務上都如此，只要做到不違背法令規定就可以了。服務使用者往往很不滿，因為他們覺得自己的權利未受到應有的重視。

1. 提供者

- 符合法令要求。
- 使用檢核表來決定服務。
- 符合最低標準即可。
- 缺乏誠意與伙伴關係。

2. 身心障礙者

- 覺得未能符合他們的權利。
- 必須按部就班提出申請。
- 是服務導向，而非需求導向。
- 認為官員只想完成任務，不是要提供服務。

3. 結果

- 衝突。
- 不在乎身障者的權利與期待。
- 不適切的服務。
- 滿意度低。

四、公民權觀點

此觀點將身心障礙者視為完整的公民，具有應有的權利與責任。有三個重點：

- 身心障礙者有貢獻的社會成員，是工作者也是深具價值的消費者（使用者）。
- 身心障礙者被視為充權的個人（是選民）。
- 身心障礙者是積極主動的公民，有權利也有責任。

當做到以上三個重點，且服務者與提供者之間已形成和諧的關係，才能真正實踐下列三件事：

1. **經濟面**
   - 身心障礙者是貢獻者與工作者。
   - 身心障礙者是消費者。

2. **政治面**
   - 身心障礙者和他們的親友都是選民。
   - 身心障礙者是有力量的團體。

3. **道德面**
   - 身心障礙者是人，有人權。

五、社會模式與公民權

如上述社會模式下的經濟、政治與道德面，希望社會工作者能將身心障礙者當成「對社會有貢獻的工作者及有價值的消費者或使用者」、是「充權的個人與選民、是有力的利益團體」，也是「積極的公民，有權利也有義務」（Oliver, 2004: 28）。

公民權觀點可透過以下方式實踐：

1. 增加身心障礙者從事社會工作的可及性。
2. 支持他們使用直接給付，並擴大自我評估需求的原則。

第 2 點將在第三章介紹，至於第 1 點，Sapey 等人（2004）檢視有關召募身心障礙者擔任社會工作者的文獻指出，最大的障礙來自於社會工作機構中非身心障礙者的態度，尤其是社會工作者。Sapey（2004: 15）指出這種制度化的障礙係透過社會工作者：

> 不願或無法將身心障礙者從案主的角色轉換為同僚，不論用什麼名詞——消費者、服務使用者或病人，他們都認為身心障礙者應該是受助者，而不是助人者。

社會工作者在福利體系中占有重要的位置，他們不單只是直接或間接受僱於政府執行福利政策，也是整個體系對外的代表。他們不只代表福利服務，也經常是福利使用者直接接觸到的唯一人選，他們扮演著重要的角色，回應案主對於機構或福利體系反映的需求、期望與目的。因此社會工作者應是有技巧的溝通者，如果他們要將身心障礙的概念運用在關係建立上，就必須將個人與社會之間做連結。

由於資源有限，加上其他工作時間上的壓力，部門管理上也並不同情這種工作，使得社會工作者可能覺得他們沒有什麼閒情逸致和身心障礙者及他們的家庭一起合作。不過，合作以及縝密計畫的長期干預策略已不是有閒才做，而是必要的要件了。計畫性的介入也是經濟合理的方法，因為它有預防性，也能緩和案主需求，避免造成長期高成本的介入。

本書後續的章節，並不是要教「社會工作者如何在社會模式下與身心障礙者工作」的實務指南，而是要引導社會工作者如何發展

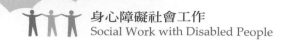

實務，與身心障礙案主建立合作的伙伴關係。下一章就先從社會模式中的身體損傷概念談起。

章節回顧

- 雖然本書三十年前初版時就已經介紹了社會模式，但到如今社會工作仍未能發展出相關的理論與實務。

- 社會工作無法甩開已經根深蒂固的個人模式。

- 近年來社會工作運作的機構結構都專注於如何在嚴格的預算限制下提供服務。

- 「專注於成果」（outcome-focussed）的服務一詞被組織再三強調，以確保他們能在個人模式詮釋下，受到公平的審視，不受批評。

- 幾年前，部分身心障礙人士組織的領袖進入機構擔任重要職務，因而有機會倡導社會模式。

- 將社會模式的概念融入《提升身心障礙者生活機會》的報告中，是一大里程碑，但近來重新強調慈善精神，又使進展倒退了。

- 社會工作專業已嘗試和身心障礙者及其組織打成一片，但這多半是基於「使用者導向運動」的要求。

- 社會工作必須藉由運用專業技巧、促成更大的改變，才能延伸其任務，進而提高專業與個人的滿意度，這才是社會工作真正的回報。

- 與身心障礙者共同合作的過程中，社會工作的任務不再是調整個人來適應他自己的問題，而是幫助他們運用個人、社會、經濟與社區的資源，充分地活出完整的生活。

 反思練習

▌習題 ❶ ▌

　　本章提到身心障礙的個人模式主宰了社會工作，尤其是我們思考身體損傷與障礙的概念，其原因在於我們使用的語言。這個實用的反思習題就是去檢視我們在對話中、報紙或電視上，用來描述身心障礙者的語言。例如：「受困於輪椅」（wheelchair-bound）是什麼意思呢？為什麼這些人被認為是「受難者」？

- 將你所聽到這類的字或詞列出來，並試著界定它是正面、負面或中立的。
- 自問這些字詞如何影響你對身心障礙者的想法。
- 自問這些字詞是否讓你比較害怕或比較不怕身體傷殘者。

▌習題 ❷ ▌

　　運用人道主義與順從觀點的特性，檢視你所熟悉的福利機構。

(1) 人道主義

- 我們知道怎麼做是最好的。
- 個人模式 —— 身心障礙者本人就是問題。
- 施惠於案主。
- 案主應感恩。

(2) 順從觀點

- 符合法令要求。
- 使用檢核表來決定服務。
- 符合最低標準即可。

> • 缺乏誠意與伙伴關係。
>
> 討論這個機構應做何種改變才能朝公民權觀點邁進。

延伸閱讀

- Barnes, C., & Oliver, M. (2012). *The Politics of Disablement*, 2nd ed (Basingstoke: Palgrave Macmillan).

  深入分析社會如何排除身心障礙者，並使他們處處受阻。

- Thomas, C. (2007). *Sociologies of Disability and Illness-Contested Ideas in Disability Studies and Medical Sociology* (Basingstoke, Palgrave Macmillan).

  提供社會學的解析，涵蓋身心障礙研究與醫療社會學。

- Centre for Disability Research, Lancaster University 自 2003 年起主辦國際身心障礙研究會議，許多在會中發表的文章都可於以下網站中搜尋：www.lancs.ac.uk/cedr

- Centre for Disability Studies, University of Leeds 是英國第一個、也是最活躍的研究中心，其研究可於以下網站中搜尋：http://www.leeds.ac.uk/disability-studies/

- Disability Studies Archive 珍藏許多他處無法搜尋到的文獻，網址：http://www.leeds.ac.uk/disability-studies/archiveuk/index.html

---

　　＊譯者按：本書原文中對 impaired、disabled、handicapped 三字交錯使用，僅在第二章探討定義時做明確區分，其餘大多以 impaired 與

disabled二字表達，故本書中涉及三者異同之比較時，則明確使用失能
（impaired）、障礙（disabled）、殘障（handicapped）三字。如非比
較三者異同時，則視上下文情形，以通順能表達意義為原則，將譯為
身體損傷、失能、身心障礙或障礙。

第 2 章

身體傷殘、身心障礙與研究

第一節　緒論

　　第一章說明從個人模式轉變為社會模式時,如何開啟對身心障礙概念的理解。不過社會模式也遭受許多批評,認為其未充分關注到身體傷殘(impairment)[1]與功能受限者的個人經驗。第一個批評就來自 Morris(1991),她以女性主義的觀點,雖然並不排斥社會模式,但也認為它有一定的限制,尤其在政治分析時未能考量個人的感受與經驗。

　　不過也有許多個人身心障礙者持續受益於社會模式的價值。Crow(1996: 56)充分支持身心障礙的社會模式:

1　譯註:本章在區分身體上的傷殘與社會性障礙之差異,故本文中之 impairment 譯為身體傷殘,disablity 譯為身心障礙,以利讀者區辨兩個英文原文。

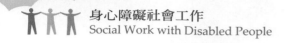
我的人生分成兩階段，社會模式之前與社會模式之後。透過社會模式理解我的經驗，如同在暴風雨的大海中找到可以依賴的浮木，它使我了解我的人生，並且能和世界上數以千計的人一同分享我的感受，讓我緊緊地抓住它。

不過，她接著評論，即便個人傷殘的經驗與效果並不必然有用，但在運用社會模式時仍不能遺忘它：

我們必須重新審視社會模式，試著去整合它的複雜性。將身體傷殘與身心障礙的概念結合在一起是一件重要的事。社會模式從未說過身心障礙就是全部的解釋，也沒有說過身體傷殘的概念不必考慮在內，不過這正是我們一直以來的印象，認為身體傷殘的經驗是非常私人的事，因而很少將它納入公共政策分析中。（Crow, 1996: 66）

身心障礙的個人模式目前仍是英國、甚至是全世界的主流模式，因此有人也許擔心如果談論身體傷殘的概念，好像是背叛了社會模式，偏離了想發揮的社會影響力。不過無論如何，還是要界定出身體傷殘的概念，因為畢竟所有的身心障礙者都有身體傷殘，本章就將以身體傷殘與個人功能限制為討論的主題。

第二節　醫療控制

Taylor（1977）指出，個人醫療模式主要是將身體傷殘歸結於各式各樣的疾病造成。簡而言之，大部分的身體傷殘是疾病引起，醫生可以治療疾病，如果治不好，也可以用醫療方式控制症狀，因此醫生的角色舉足輕重。另有論點認為許多疾病都有「殘餘」症狀，由於人的壽命延長，再加上老人人口增加，使得疾病發生率也增加；也就是說，這些疾病會「惡化」，也會因為年齡結構老化而更加嚴重。Doyal（1980: 59）表示：

新的「疾病負擔」大多數是來自於「惡化型疾病」（"degenera-tive" diseases），如癌症、心臟病、關節炎、糖尿病等，這些疾病致死或致殘的情形都較以往更為嚴重。此外，比起以往，人們活得更久，因此有更多人成為長期的慢性病患者。

造成死亡及身心障礙的原因很類似，Taylor 認為預防的效果有限，但醫療專業介入卻能改善這些疾病。不過Doyal的看法就不同，他的看法比較接近 Finkelstein 和 UPIAS 對身心障礙的社會型定義。雖然 Finkelstein 只提到身心障礙應該有社會性成因，但 Doyal 更強調身體傷殘也有社會性成因。這絕不僅是工業化經濟體所獨有，Guelke（2003）討論到運用新科技與重複性過勞傷害之間的關係時，也持有類似的觀點。

Doyal 指出，這些會惡化的疾病幾乎都發生在先進工業化社會中，不論個別成因為何，都不可否認人類生物本能上原本已適應的環境已經徹底改變了。新的生活條件造成了「適應不良」的疾病；如果環境（即社會）才是疾病的重要原因，並不是個人的問題，那麼醫療專業的介入就不是最重要的了，這與 Taylor 的觀點全然不同。簡言之，假如這些疾病都是因為人與環境之間適應不良、失去功能所造成，那麼物質環境的調整（或預防）也應該導正。像十九世紀中葉英國第一任公共衛生部部長（Officer for Public Health）William Henry Duncan 研究就曾明確證實，許多傳染疾病都和居住與衛生環境不佳有關。了解到在工業化時期流行的傳染病，是與自然環境及衛生有關，對於根除疾病是很重要的一步。

有些學者，特別是Illich（1975）就指出過去許多疾病消失，像傷寒、霍亂、小兒麻痺症或結核病等，醫療的貢獻有限，主要都是外在環境改變的結果，而醫藥的介入有時甚至是有害的。他進一步以「醫原病」（iatrogenesis）[2]闡述這個概念，說明有些疾病根本是醫師造成的，如果運用健全與專業的處遇治療，可能就不會發生這些疾病。

---

[2] 譯註：醫原病指醫師為病患治療的過程中，個人很可能遭遇到侵入性檢查傷害、藥物傷害、多重用藥、醫師失誤或院內感染等各種形式的傷害。有關醫原病之解釋，可參考胡幼慧（2001）：《新醫療社會學——批判與另類的視角》（心理出版社）。

第三節　醫療知識與社會工作任務

　　儘管我們強調社會工作應以社會模式作為實務基礎，而不是個人模式或醫療模式，但這並不代表社工人員就不需要懂醫療知識；反之，如果欠缺醫療知識，就無法了解案主在個人、人際關係或社會等方面會遇到的事。這些知識可以由其他專業人員或各種參考書中取得，不過，大多數情形，則來自身心障礙者本人。一位年輕的社工員被指派去服務一位四肢癱瘓的婦女時，就直接表示她對這個疾病一無所知，但她願意學。案主與社工員協議由社工員與案主相處一天，這個實務經驗比起以前讀的書有用得多，也能使社工員提供令案主滿意的服務。

　　醫療方面的實際狀況，可以引申出許多值得注意的訊息，比如症狀是看得見的或看不見的、靜態的或進行性的、先天的或後天的、受傷的部位是屬於感官功能或身體其他部位，這些傷殘的狀況對個人、人際間或社會層面都有重要影響。Hicks 以視覺障礙為例說明：

　　由於不能靠視覺能力取得訊息，也不能和他人目光接觸，因此視覺障礙者（特別是全盲的人）會遇到人際互動及性方面的問題，這是其他障別比較不會遇到的。這種問題在先天視障或中途失明者身上又會不同，包括最初的接觸互動、和人交往、性關係，甚至包含對教育、諮商或專業關係都有重要意涵。（摘

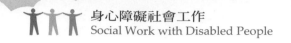
自 Brechin & Liddiard, 1981: 79）

　　了解哪些是視障者的特別狀況或者整體身心障礙者都有的一些情形，對於社會工作者是很重要的，這比知道案主的視障是因為青光眼、白內障或視網膜色素病變引起的更重要。

　　身心障礙絕不僅是個人的不幸遭遇或一個社會問題，它是傷殘的個人與社會加諸其身上的限制所形成的關係結構。Finkelstein 定義這個關聯性為：「社會使身體傷殘的人遭遇障礙，身心障礙的原因正是由於社會沒有顧慮到這些身體傷殘者所造成。」（摘自 Brechin & Liddiard, 1981: 34）

　　Carol Thomas（2004: 578）描述 Finkelstein 對身心障礙的了解是很獨特的，由於「它具有社會關係的特質，點出了在巨視與微視面、障礙者和非障礙者之間一種社會壓迫的新形式」。

第四節　身體傷殘與身心障礙

　　論及身體傷殘與身心障礙的原因，就要先釐清身心障礙者生活中屬於個人與社會兩個面向的區別。為了解社會如何製造了社會性的限制（障礙），首先應了解有哪些限制是由於醫療狀況所造成。運用身心障礙的個人模式，意指聚焦於個人功能上的限制，而運用社會模式則更進一步去探討社會性的限制。

　　健康及相關專業，乃至許多學者及政策決策者，經常混淆疾病、健康不良、身體傷殘與身心障礙等字眼，也交互使用這些字。

有些人完全不懂什麼是社會模式，有些人雖然引述但並不了解其中真義，還在談個人模式，甚至有人根本跳過這個概念，大談身體傷殘就是身心障礙的原因。運用個人模式時，談的就是個人，因此會用「有障礙的人」（people with disabilities）一詞，但如果用「身心障礙者」（disabled people）一詞時，則意謂人們受到身體傷殘及社會態度之影響而產生的障礙。

一、身體傷殘的來源

身體傷殘的原因很多，有些是生物性的，有些則來自於環境，有些是二者綜合的結果，而有些人會比其他人容易遇上這些情形。即便運用社會模型，還是要進一步將疾病、健康不佳、身體傷殘三個概念釐清：

- **疾病**（sickness）是一種急性事故，導致個人暫時性的功能限制，它不一定需要醫療介入。急性事故偶爾會留下一些長期的身體損傷症狀，例如小兒麻痺症或腦膜炎。

- **健康不佳**（ill health）是長期性的，會引發個人長期或永久的功能限制。它可能是一種身體傷殘狀況，例如心臟衰竭或肺氣腫。有時可能是生病狀態，有時也可能是良好的狀態，不一定需要藥物，如糖尿病或多重硬化症。

- **身體傷殘**（impairment）是永久性的，可能由基因、創傷、疾病或任何未知的原因所引起。人們可能會有如上述健康不佳的情形，但很多身體傷殘者並沒有出現健康不佳的情形，甚至長期並不需要醫療介入，如腦性麻痺、截肢或學習障礙

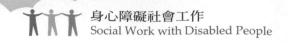

者，並不特別需要醫療介入。

- **身體傷殘效應**（impairment effects）一詞是由 Carol Thomas（1999）提出，很類似永久性的功能限制，它確實也可能造成此現象，但不一定會影響到人的外觀。有時也可能只對外觀有影響，但不會造成任何實質的功能限制。

運用身心障礙個人模式時，會使用身心殘障（disability 或 disabilities）這個字來描述身體傷殘效應、健康不佳或身體傷殘。這些字眼排除了因身體傷殘而經驗到的歧視或排除經驗，也就是障礙主義（disablism）。在其他情形，舉例來說像電腦科技，可以開啟或關閉，但身體傷殘可就無法像那樣隨開隨關的消失不見，但是社會的障礙卻可以開啟（存在）或關掉（移除）。

天生聽障者在聽障者的社群中就使用手語，他們從不認為自己有身體傷殘，也並不因為聽力受損而有障礙，這些聽障者認為是聽人的世界不了解他們的語言與文化因而排斥他們。天生聽障者又和後天聽障者不同，後者曾經是聽人、會說話，因此原本是聽人世界的一員，但前者從來都不在聽人世界，這種看法不論是先天聽障或後天聽障者，或在聽覺障礙研究的學術界、專業界或身心障礙運動者之間爭議不大。

不論是先天或後天聽障，乃至於各種不同聽覺損傷者，都經歷到個人功能限制與歧視。先天聽障者失去了聽覺及學習其他語言的機會，至於後天聽障者，又是另外一種經驗，他們是後來才失去聽覺，因此習得口說語言及聽人的文化。後天聽障者既非先天聽障社群的一員，又受到聽人社會的歧視。而不論先天或後天聽障，都不

只在人際溝通上之功能受限，他們亦很可能聽不到迫近的危險聲響，形成其他生活功能的限制。

二、 身體傷殘的分類

　　身心障礙人士常被社會工作員、官員或研究人員等各種人問到：「你是哪一種障別？」人們也期待會得到一個反應身心障礙人士醫療狀況的答案，諸如糖尿病、腦性麻痺、腦傷，或者某些罕見疾病。這些醫療所認定的狀況會引起很不多不同的身體傷殘效應，但這些身體上的效應卻無法從一個醫療名稱就推測出來。

　　身體傷殘的原因不是絕對的，而可能是個人、社會與結構因素交互作用的結果（Thompson, 2001），諸如社會政策可能導致地方的全民健康服務短缺，使孕婦的服務不足，出生的嬰兒就容易發生腦性麻痺的情形。這個知識對於預防、健康促進及公共衛生是很有用的，也常被政客所誤用，他們總歸責是人們自己的健康有問題，來合理化刪減健康服務的作為。不過如果人們已有了身體傷殘或長期疾病的情形，社會工作者再知道身體傷殘的原因也沒有太多用處，倒是如果知道身體傷殘的類型，是可以提供更多一點的訊息，使我們知道人們可能有哪些因身體傷殘產生的功能受限問題，進而了解有哪些社會性的障礙可能造成歧視與排除。功能性障礙是直接由身體傷殘引起，或者身體傷殘效應也可以歸類為以下：

- 身體傷殘（包括沒有明顯症狀的如癲癇，或和消化、耐力有關的症狀，以及長期與短期的症狀）。
- 視覺障礙。

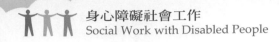

- 聽覺、聽力障礙。
- 精神疾病。
- 學習障礙（包括特定的學習障礙，如閱讀困難，或神經多元性，如亞斯伯格症）。

有些情形會引起不只一種功能限制，例如糖尿病可以引起身體及視覺受損，腦傷則可能造成身體、感官與行為上的身體傷殘效應。

三、預防身心障礙

我們之所以要了解身體傷殘與身心障礙的成因，是因為未來的預防概念不同，如 Albrecht 與 Levy（1981: 26-7）所說：

當今死亡與疾病的主要原因，是可藉由改善環境及生活型態而加以預防，如心臟病、癌症、中風、糖尿病及意外事故等等。如果突發事故都能先加以預防，那麼身心障礙或者復健的成本就可獲得部分控制。為了避免譴責受害者，業界及政府都應致力預防造成障礙的行為，而不是指責身心障礙者。

不過，醫療專業所說的「預防」與社工人員所說的不完全相同，Leonard（1966）將預防分為三層級：初級（primary）、次級（secondary）及第三級（tertiary）。初級介入的重點主要在防止特定事件發生的原因，次級介入的重點則在預防事後立即的後果，第三級的介入則主要在預防事故造成的結果。

在預防的觀點中，醫療專業人員與健康教育人員是初級預防的重要人物，他們可以減少先天傷殘的新生兒出生、提供預防職場意外事故的資訊等；次級預防是要降低因身體傷殘後產生的個人限制，重責大任就在復健人員身上了；第三級預防的重點是在減少對身體傷殘者的社會性限制，這是社工人員和身心障礙者一起合作的重要任務。不過，Leonard 從機構內照顧的例子卻發現，社會對於身體傷殘者的反應非但不是預防性的，反而反應出造成障礙的過程，也就是說，什麼才是預防，是跟我們如何看待身心障礙這個問題所持的觀點有關的。

從個人模式的觀點來看，社會工作當然也扮演了一些初級和次級預防的角色，如提供孕婦產前諮詢，或協助個人、家庭與社區提升一般的福祉。從 Leonard 的觀點來看，上述角色並非都沒有問題。如在個人模式中，會以優生學的概念來界定「正常」，因此會建議將有缺陷或不正常的胎兒施以人工流產，並認為這是一種預防身心障礙的論點。但從社會模式觀之，障礙是社會對未出世胎兒的反應所致。Dona Avery（1987）描述醫院人員都期待她能遵循 Kubler-Ross 模型的五個階段（即否認、憤怒、討價還價、沮喪及接受）的情形：

我已經看到了第五個階段，但那並不是治療上的「接受」或「希望」，我發現是社會期待尚未出生的胎兒是完美無缺的，但這並不是我的期待，上天賦予我的孩子本來就是完美的。

同樣的，從個人功能上來看，復健服務組織當然是有幫助的，

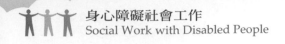

不過它也可以從另一個角度來理解：

> 我們最關心的是，身心障礙者要面對很多社會的、經濟的、住宅
> 的及環境的困難，因此透過一些片斷的專業服務，協助他們調整
> 及適應這些無法忍受的環境。（Brechin & Liddiard, 1981: 2）

　　傳統上，社會工作的關心是個人模式的第三級預防，而第三級
預防下的介入，正是社會工作轉向社會模式的一個重要關鍵。

　　到目前為止，本章已探討了身體傷殘對人們生活影響的重要
性，如果將所有造成障礙的阻礙移除，身體傷殘與身體傷殘效應仍
然存在。在政府的認定中，身體傷殘還是造成身心障礙的原因，因
而社會仍充滿許多造成障礙的阻礙未被處理，本章接下來會說明官
方的統計如何延伸出社會政策與實務。

第五節　身心障礙調查的必要性

　　要有好的社工實務與理論，就要先有正確的資訊，而其關鍵就
是要取得實際發生的統計數字。蒐集資料、產出資訊，以呈現有多
少人身體傷殘、身體傷殘的原因、身體傷殘的類型與程度等，都是
社會政策重要的實證根據，對於社會工作如何運作也非常重要。決
策者與社會工作者也應該知道有多少人因為社會、經濟與政治上的
障礙，而有被排除與歧視的經驗。

　　儘管統計學者、研究人員、決策者乃至廣大民眾都相信基於客

觀方式就可以得到客觀的統計資料，不過從歷史上來看，許多統計都基於男性觀點產生。以白人為主的觀點產生的統計研究，也常無法解釋黑人、少數族群的情形。同樣的，以非身心障礙者觀點所發展的問卷，也會產生偏誤的結果，即使是統計學者或研究者有他們既定的觀點，但也容易受到對身心障礙的集體社會意識、文化詮釋之影響。

從這些觀點發展出的理論，是一種自我應驗（self-fulfilling）[3] 的結果，展現在兩方面。第一，在方法論上，研究者先認為身心障礙者的調適是一個問題，因此也以此論點來設計問卷，當然得到答案就認為果真如此。在身心障礙者真正站出來批評以前，很少研究是先假設身心障礙不是個人的問題。第二，自我應驗的效果，也會使理論本身創造出一種現實，然後再試圖解釋它。

一、研究與個人模式

由研究者所界定描述的心理學機轉及過程，完全是研究行動下的產物，是方法論的特性使然，再經由知識傳播，使得專業者運用這種定義來界定案主。Trieschmann（1980: 47）寫到脊髓損傷者時，他問到：

專業人員是否曾描述過一些不存在的現象？專業人員在門診的

---

[3] 譯註：自我應驗的概念意指人們對於他人的期望，往往形成被期望的人的自我實現，常應用於教育領域，一般熟知的「比馬龍效應」即屬之。也就是說人們期望他人成功，他人就會成功；反之期望他人失敗，他人就會失敗，讀者可參考心理學或社會學家莫頓（R. K. Merton）之著作。

互動中會將身心障礙者描述成「第 22 條軍規」（Catch 22）[4]？
假如你是身心障礙者，就一定有心理問題；如果你說自己沒有
心理的問題，那這就是否認，那可就是個心理問題。正因如
此，心理學家、精神科醫師、社工員及其他復健諮商師是否已
失去了脊髓損傷者的信任？

讓這些對身心障礙的詮釋歷久不衰的主要媒介之一，就是政府
統計，由於大家都認為統計是客觀的，因此多半認為它反映出的情
形是正確的圖像。然而研究者與統計學家和任何人一樣，對於身心
障礙的詮釋，其實都受到主流文化影響。

二、功能性定義下的身心障礙與研究

● 登記

計算身心障礙者人數的發展，正可反映出長期以來個人模式的
問題。諸如已廢止的《身心障礙者就業法》〔Disabled Persons (Employment) Act, 1944〕以及《全民救助法》（National Assistance Act, 1948）等立法措施，曾訂定身心障礙者登記制，但只針對同意登
記，及已在勞動市場或已接受服務的身心障礙者。因此登記的人數
只反映了三分之一的身心障礙人數，對於改善他們的處境一點幫助
也沒有。而這種登記方法，假設問題就是身心障礙者本人，而不是
硬體與社會環境，完全沒有將這些致礙物考慮在內。接下來的服務

4　譯註：*Catch 22* 是美國作家 Joseph Heller 的代表作，完成於 1961 年，而
　「Catch-22」象徵人們處在一種荒謬的兩難之中，讀者可參考本書中譯
　本《第 22 條軍規》（星光出版社）。

也只考慮個人限制的問題，沒有處理環境中的限制，社會服務部門與社會工作者雖然也都認為登記是很重要的，但最終卻在錯誤的方向下工作。從社會模式的觀點來看，所有的身心障礙者都應該呈現出來，才能符合以往被錯認的需求。

三、全國調查

第一個重要的研究計畫是由人口普查及調查局（Office of Population Censuses and Surveys, OPCS）執行（Buckle, 1971; Harris, 1971），當時有近 25 萬個家庭接受調查。1986 年調整了一些方法後，又再進行了一次，有 10 萬個家庭及無數的社區機構被篩選出來（Martin et al., 1988），從那時開始，大部分的全國性調查都會納入一些問題，以找出身心障礙者。

四、問卷設計中對身心障礙者的定義

如何定義是非常重要的環節，Harris（1971）的研究奠定基礎，也影響許多後續對於身心障礙的想法，在服務的規劃與發展上亦扮演著重要的角色。在估計推行新的津貼制度要花費的成本時，Harris 所提出的數字往往不精確，與政府針對其他目的所蒐集到的資料也常不相符。根據 Jaehnig（摘自 Boswell & Wingrove, 1974: 449）指出，推行照護津貼（attendance allowance）時，依據 Harris 的調查中估算出大約有 25,000 人有資格領取，但只在第一年裡就有超過 72,000 人成功申請到。Topliss（1979: 48）指出，這個落差肯定來自對就業的身心障礙者有不同的定義所致。有些人雖然功能受限的情形很輕微，但在謀職時卻遇到嚴重的障礙。

早期功能性的定義受到許多批評，Finkelstein 指出，這些定義是從個人的角度來界定身心障礙的原因，然而：

> 如今，障礙的原因和身體上的缺陷沒有什麼關係，但卻和社會如何組織形成的硬體環境有關。（Finkelstein, 1972: 8）

雖然 Harris 的研究確實受到許多批評，但他至少努力發展一致及有系統的對身心障礙問題的詮釋。

世界衛生組織（WHO）於 1980 年出版「身體損傷、身心功能障礙及殘障國際分類」[5]（International Classification of Impairments, Disabilities and Handicaps, ICIDH），這項結果被視為涵蓋面最廣的分類標準，並且被已開發或開發中國家作為提供身心障礙措施的基礎。ICIDH 是運用個人模式，並用以設計功能評估，它被應用在許多研究。儘管其中定義的用詞有少許改變，但 OPCS 的研究大多以此為基礎來定義（Martin et al., 1988: 7），說明如下：

- **身體傷殘**（impairment）：任何來自心理上、生理上、構造上功能的喪失或異常。
- **障礙**（disability）：因任何能力的限制或缺乏能力（肇因於身體傷殘），以致無法完成一般人類行為或活動的狀況。
- **殘障**（handicap）：由於身體傷殘或障礙，限制或是妨礙了一個人角色的實現（角色視年齡、性別、社會及文化因素而

5　譯註：International Classification of Impairments, Disabilities and Handicaps（ICIDH）之譯法並未統一，本處譯文參考內政部 ICF 網站修訂。

定），使他處於不利。

在這個架構下，「身體傷殘」是指身體的部分或系統有異常，「障礙」則是人們因身體傷殘無法做事，至於「殘障」是指人們因為身體傷殘或障礙，而陷於不利；因此障礙與殘障都是來自身體傷殘。

身心障礙者組織（Disabled People's Organisations）長期以來就希望由他們來界定自己的問題，在國際身心障礙者組織（Disabled People's International）的開幕會議中，來自全球五十餘國的身心障礙代表一致反對 ICIDH 的定義，指出它完全是醫療與個人模式的定義。如同 Barnes（1991: 25）指出，這絕非只是定義對錯的問題：

> 這個觀點在身心障礙者與其他社會成員之間，創造了一種人為的區隔與阻礙，繼續延伸忽視與誤解，更糟的是還繼續助長古老的恐懼與偏見。

Bury（1996）認為這導致只認定身心障礙的結果，卻沒有提到任何較優渥的財政補貼或是考慮到身心障礙者本身的看法。

ICIDH 並沒有成功地成為界定身心障礙的工具，有關於如何正確操作化的研究也很少。即使是聯合國（Despouy, 1993）也未能好好利用這個分類，因此世界衛生組織試圖修訂整體架構，增加第四項有關環境的面向，後來催生出「國際健康功能與身心障礙分類系統」（International Classification of Functioning, Disability, and Health, 簡稱 ICF），在 2001 年獲得世界衛生組織大會支持通過。

世界衛生組織藉由 ICF 創造一個生物、心理與社會（bio-psy-
chosocial）的模式，主張其可以結合個人與社會模式的優點。此外
也藉此終止以往將障礙與疾病分為兩個分類系統的問題（World Hea-
lth Organization, 2002）。在 ICF 中已包含了環境因素，其基本方法
論認為每一個層級都不能只化約成數字，還應該考量其間的複雜關
係。在科學理性上，這個架構殘留了個人模式取向，且比以往的架
構更難操作，恐怕也還需要社會或醫學界進行更多研究，不過對於
改善身心障礙者的生活，ICF 已比 ICIDH 發揮多一點的功能了。

在醫療領域，運用生物、心理與社會模式來看待障礙與疾病，
聲稱是更為整體論的取向。但 Roberts（1994）不以為然，他認為這
樣一開始是先把人拆解 ── 生理的、心理的、社會的──一一檢驗
後再拼裝起來，而不是一開始用一個人的整體性去看待。因此 Ro-
berts（1994: 365）說明：「生理心理社會模式並不是整體論的代名
詞，而根本是脫離整體論，它可以吸引心理治療師（復健機構），
但同時對醫療模式也完全不具威脅性。」

有關問卷設計，雖然曾擔保在 2010 年時會修正以往的錯誤，同
時加入身心障礙者的建言，不過從最近的一些做法來看，仍不脫簡
化為身體傷殘的定義。WHODAS2 [6] 試圖用生物心理學模式，測量
身體傷殘與環境的互動，很多人將此視為一個折衷，可以解決個人
模式與社會模式之間的兩難。它也已經被世界衛生組織所採用，運
用在 ICF 中，用來測量功能與障礙的程度。不過在此障礙仍被視為

---

[6] 譯註：WHODAS2 為 WHO Disability Assessment Schedule，《世界衛生組
織障礙評估手冊》。

一個健康議題，而無關社會排除：

ICF 將身心障礙視為一個發生在情境中的健康經驗，而不僅是個人的問題。根據 ICF 的生物心理社會模式，障礙與功能是健康狀態（疾病、失常或受傷）與環境因素交互作用的結果。（Üstün et al., 2010: 33）

不過，這些背景因素都被研究者排除在外，*WHODAS* 的問卷（Üstün et al., 2010）：

是設計用來將人們在活動和參與的限制納入評估，而不先論他們的醫療診斷為何。（p. 6）
但 *WHODAS2*（World Health Organization, 2010）目前並沒有評估環境因素，雖然在評估受評者之功能時，有問到他所處的環境，但在編碼時卻是根據功能與障礙，不是根據環境。（p. 33）

也就是說，世界衛生組織雖然同意身體傷殘與長期健康不良會導致功能上的限制，但這些都只被認定為障礙，至於整個社會加諸的其他限制則是次要的。此時，身心障礙者是在與非身心障礙者相比，而不是比較身心障礙者在不同情境中的處境。沒有任何理由可以說明為何同樣的人在包容性的社會可以正常生活，但身心障礙者卻要在處處有礙的環境經歷重重障礙與困難。在 *WHODAS2* 中定義的詞彙包括（Üstün et al., 2010: 79-80）：

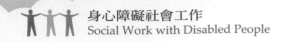

- **身心殘障**（disability）

是一個綜合性的名詞，包括身體傷殘、活動限制與參與限制。
指個人（健康者）和他們的環境與個人脈絡之互動中的負向面
向。

- **健康狀況**（health condition）

指短期或長期的疾病，意外中受傷、精神或情緒的問題，其範
圍可能從每天的生活壓力，到更嚴重的精神疾病，或者是酒癮
或藥癮的問題。

- **身體傷殘**（impairment）

指身體結構或生理社會功能喪失或異常（包括精神功能）。
「異常」在此是指完全與既有的統計常模不同（即偏離人口平
均數），而且只指這層涵義。身體傷殘的例子如失去手臂、腿
或視覺，如果是傷及脊髓，就會導致癱瘓身體傷殘。

- **參與**（participation）

指人們參與生活的情形，呈現功能的社會面。

- **參與限制**（participation restrictions）

指個人參與生活所遇到的問題，去比較人們所在的文化或社會
中，沒有身心障礙狀況的人應有的參與，來判斷身心障礙者遇
到的問題。

　　由此可見在這個版本中，並沒有處理身體傷殘的障礙者在政治
上或經濟上受到的影響，當然也就不可能提供任何包容性政策所需
的資訊。

五、身心障礙成人調查的問卷

身心障礙的模式或定義會決定調查問卷如何設計。身心障礙的
社會模式認為身心障礙來自於主流社會的壓迫與排除，有些壓迫來
自於對身心障礙的理解，此種理解多半得自身體傷殘或身體傷殘效
應。這種定義會引導問卷設計，只想找到身體傷殘或身體傷殘效應
的答案，而不採取任何方法去了解社會性的限制，最後使得決策者
與實務工作者得到的資訊也都充斥著個人模式的影子。

1971 年 Harris 的研究測量「殘障」（handicap）的程度，是依
據一連串的問題詢問人們可以照顧自己的能力為何。每個問題的答
案都會再分等級，根據受訪者回答他們在做這些活動時是「沒有任
何困難」、「有困難」或是「需要協助」來給分。某些比較重要的
活動會加權計分。最重要的項目計有：

1. 前往及使用盥洗室。
2. 飲食。
3. 扣鈕釦與拉拉鍊。

在 1986 年進行的面訪調查中，也同樣關心類似問題（Martin et
al., 1988），如：

- 有什麼樣的身體不適使你在抓、握或翻轉物品時會有困難？
- 你在了解人方面有所困難，主要是因為聽力問題？
- 你的日常生活會因為有疤痕或身體殘缺畸形而受到限制嗎？
- 你是否因為有長期健康問題或是身心障礙情形而就讀特殊教

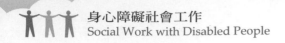

育學校？

● 你是否因為健康問題或殘疾，而必須與親人或可以照顧你的其他人同住？

Oliver（1990: 7）認為這種問法是有問題的，必會導致個人模式的答案。只要運用社會模式就可以輕易改變問法，Oliver（1990）修正了一些問題如下：

● 有哪些日常用品（例如：瓶子、罐頭等）有設計上的缺點，導致你在抓、握或是翻轉它們時會遇到困難？

● 你與人們溝通了解上的最大困難，主要是因為他們無法與你溝通嗎？

● 其他人對你的疤痕或是殘缺畸形的反應限制到你的日常生活嗎？

● 你就讀特殊教育學校是因為教育當局的政策，總是將有健康問題或身心障礙情形的人都送進特教學校嗎？

● 是否因為社區的服務不足，以致你需要依賴親戚或他人提供你某種程度的個人協助？

Bury（1996）並不同意 Oliver 對於 OPCS 調查的看法，並指出強調慢性疾病（例如：關節炎以及聽力受損）的重要性，仍有其正面的意義。這是造成身體傷殘的原因。他認為這有助於解釋何以較年長者中的身心障礙者比較多，甚至也有性別差異，他進一步建議：

不論你多麼希望社會福利（尤其是社會安全制度）的運作方向，能與醫療判斷切割，但是身心障礙的全貌必然包含了健康與疾病的層面。因此，在日常生活的經驗中，不同層面的健康以及福利需求也許是有關聯的；而這些層面的理解，對於身體傷殘、身心障礙以及殘障等不同程度的介入方式都有意義。（Bury, 1996: 22）

了解有多少人身體傷殘，以及身體傷殘的類型，確實有好處，但是這些資訊不足以使我們了解身體傷殘造成的不公平，以及該如何改善這個處境：

測量失當、又不透明，使得政府與社會難以了解現存不公平的問題及其原因。現有反映不公平的資料有很多並不適當，限制人們了解問題與原因、設定優先順序及追蹤進展。即便資料存在，有時也未妥善運用。（Philips, 2007: 9）

關於在統計中找到呈現不公平的資料之重要性，在《平等評論》（Equalities Review）報告中也有著墨：「測量不公平很重要，它可以指引我們了解不公、不義到底是怎麼來的。」（Philips, 2007: 19）

國家統計局（Office for National Statistics）已體認到有關身心障礙的問卷問題應該有一致的觀點，才能設計出整合的問卷。但遺憾的是由於並不了解身心障礙者的不公平如何測量，因此現在的問題仍然沿用了個人模式的觀點設計。而 2011 年的全國普查（National

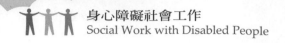

Census）結果也是從中央到地方政府乃至衛生當局所仰賴的一份資料，普查的統計已經用了十年，它混淆了健康、疾病與障礙的概念。2011 年本來有機會可以矯正過去的錯誤，因為它原本設計了一節探討健康，身心障礙者的情形可以藉此問題反映出來。有關健康的問項應該是要確認出有急性或慢性健康問題者，而不是說成身體傷殘者就不健康，甚至說障礙者就是不健康，問題如下：

整體來說，你的健康如何？
1. 非常好。
2. 還算不錯。
3. 普通。
4. 不好。
5. 非常不好。

下一個問題仍是沿用以往對身心障礙者的個人與功能定義，而身心障礙一詞只會在指身體傷殘時才用到，並假設個人的身體傷殘就是造成每天生活受限的原因：

長期疾病或障礙
過去（至少）十二個月，你是否因為有持續的健康問題或障礙，使得每日生活有些限制。包含一些與年齡有關的問題。
• 有，限制很多。
• 有，但限制不大。
• 沒有。

接下來，這是第二次在普查中問到照顧者，但同樣的身心障礙一詞只用來描述身體傷殘；這些問題都假設健康不佳或身體傷殘就是需要其他人協助或支持的原因，與欠缺其他支持或阻礙無關。

你是否照顧或協助、支持家人、朋友或鄰居等人，因為他們有下列情形：
- 長期身體或心理的健康不佳或障礙。
- 與老年有關的問題。

扣除你的有酬工作外需要多少時間？
- 完全不用。
- 一週 1 至 19 小時。
- 一週 20 至 49 小時。
- 一週超過 50 小時。

總而言之，這一堆統計數字並沒有帶領我們更進一步了解身體傷殘者為什麼受到社會性的阻礙而成為身心障礙。

我們所能獲得的資訊，都是基於個人模式之下而來，且健康不佳、身體傷殘與身心障礙之間是混淆不清的。有些統計數字由身心障礙出版處（Office for Disability Issues, 2010）運用家庭資源調查的資料出版，成為普遍性的指引。這個資料顯示英國有 1,080 萬的身心障礙者，其中有 510 萬人超過國家年金初領年齡，另外有 70 萬人是兒童。這些人通常有一項以上的功能限制，如 640 萬人有行動不便的身體傷殘、600 萬人拿或舉東西有困難、240 萬人有身體協調的

問題、200 萬人有溝通的問題。

至於有多少人是感官功能身體傷殘（如盲人或失聰），並不清楚，因為他們通常被歸為「其他」。

下一章我們會再看到其他的統計，更要注意到它們可能仍是基於個人模式定義下的產物。

章節回顧

- 即便運用社會模式時，社會工作者仍應了解個人功能限制與身體傷殘效應。

- 社會工作應該了解社會對於個人功能受限與身體傷殘效應的人們有什麼阻礙，使他們成為身心障礙者。

- 斷然將身心障礙歸因於身體傷殘，而忽略社會性致障因素，是一種潛在的缺失。

- 社會工作的任務是：(1) 指認出在矯治觀點下的身體傷殘者，如何被加諸各種障礙；(2) 提供彈性與可及的服務，因應人們可能產生的需求。

- 計畫者或決策者應了解這些需求的程度，而非社會工作者。

- 中央政府是依人口數分配資源到地方政府，地方政府應勇於提出這種方式的不妥之處，並應發展其他測量及符合需求的方式。

- 社會工作者應注意官方對身心障礙者生活之研究會產生什麼影響。

- 社會工作者應檢驗這些研究是如何進行的。

- 這不只是數人頭的事，更是要提供符合需求的服務。

 反思練習

▌習題 ❶ ▌

　　聾人社群主張他們是語言弱勢者，而不是身心障礙或身體傷殘者，但聽人卻覺得他們是刻意忽視顯而易見的身體傷殘。

　　請以小團體討論，如要接受這種聾人的自我定義，在個人或專業的信念上要改變些什麼？如果接受聾人的自我定義，則社會工作者在服務聾人時所持的觀點會有何種改變？

▌習題 ❷ ▌

　　分別運用個人模式與社會模式設計二組研究訪談的問項，每組五題，討論一下蒐集到的答案會有什麼不同，又對調查結果的建議有什麼影響？

延伸閱讀

- Illich, I. (1975). *Medical Nemesis: The Expropriation of Health* (London, Marion Boyars).
- Thomas, C. (2007). *Sociologies of Disability and Illness-Contested Ideas in Disability Studies and Medical Sociology* (Basingstoke, Palgrave Macmillan).
- Breakthrough UK 是一個身心障礙者組織，執行有關社會模式的研究與諮詢，網址：http://www.breakthrough-uk.co.uk/
- Centre for Disability Research, Lancaster University 自 2003 年起主

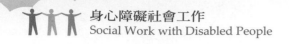

辦國際身心障礙研究會議，許多在會中發表的文章都可於以下網
站中搜尋：http://www.lancs.ac.uk/cedr

- Disability Studies Archive 珍藏許多他處無法搜尋到的文獻，網
  址：http://www.leeds.ac.uk/disability-studies/archiveuk/index.html
- Office for Disability Issues 是一個跨政府部門的辦公室，進行身心
  障礙者與醫療情形的統計研究，網址：http://odi.dwp.gov.uk/dis-
  ability-statistics-and-research/disability-facts-and-figures.php

第 3 章

家庭與關係

第一節　家庭與家戶

　　論及身心障礙者與家庭生活的關聯時，身心障礙社會模式是一個實用且十分敏銳的觀點。在第一章，我們曾討論到三種身心障礙的關係，在本章也會再次應用。首先，身體傷殘者的障礙狀況可能來自家人對待他們的方式，例如家中如有成員遭致身體傷殘，可能對家庭結構與穩定度產生負面影響，或者家庭中如有新生兒先天有身體殘缺情形，亦會對家庭產生衝擊。不過，這些影響與衝擊不一定是壞的，某些情況下，它也可能增強家庭成員之間的關係（Clarke & McKay, 2008）。最後則是社會如何透過社會政策提供服務，對待這些有身心障礙成員的家庭。這些主題在本章中會交錯出現，首先讓我們來看家庭所處的社會脈絡。

一、家庭結構

家庭是一個很普遍的社會團體,任何時空皆存在著。在英國,傳統以來就對家庭生活有著不切實際的浪漫憧憬,在過去,家人可以互相照應,特別是對體弱多病的成員,且能共同應付壓力。然而,有論者卻認為,核心家庭才是過去長久以來基本的家庭單位,其他論者則指出鮮有證據顯示,過去的家庭比現在更有能力及意願照顧家庭成員。不過延伸家庭的確急速減少,僅在亞洲國家仍保留許多這種家庭(Office for National Statistics, 2001)。雖然在過去一百年,家庭的規模已經縮小了,但是可別忘了,如今人們的存活率提高了、壽命也延長了,而國家同時也接手承擔許多以往由家庭負擔的功能。

在 2006 年,英國有 1,710 萬個家庭,比 1971 年時多出 200 多萬個家庭(McConnell & Wilson, 2007: 2)。不過並不是每個人都與家人同住,很多人選擇獨居,根據國家統計局的資料(Office for National Statistics, 2010:15),獨居家庭從 1961 年時大約 170 萬戶,到 2009 年時已超過 700 萬戶。而隨著人們壽命延長,未來還會有更多獨居家庭,特別是女性老人的獨居(ONS, 2009)。

家庭的本質與人們居住的狀況有了很大的改變,也反映在上述數據的增加,因此,對於什麼是「家戶」(household),有個正確的了解是很重要的:

家戶的廣義定義是指一人獨自或多人共同生活起居的單位,家庭則是由婚姻、公民伙伴或同居關係建立,而家戶中會有兒童

及親子關係。許多家戶是由個別家庭組成，亦有獨居的家戶……。英國在 2009 年有 2,520 萬個家戶。（ONS, 2010: 14）

雖然家庭數量增加得很有限，但家戶數卻有很大成長。在 1997 年到 2006 年間，官方統計是將家庭含括在家戶數中：

家戶數從 600 萬增加到 2,490 萬，其中獨居家戶增加是主因，因此平均家戶規模也就縮減了。（McConnell & Wilson, 2007: 2）

之後有關身心障礙兒童的研究發現，很多家庭中都至少有一位身心障礙者：

本研究重要的發現是身心障礙兒童與成人的群集性。首先，身心障礙兒童常與同為身心障礙的手足或其他身心障礙兒童同住。四分之一《身心障礙防制法》（DDA）判斷的身心障礙兒童會和至少一位同為 DDA 定義的身心障礙手足同住。而如今，英國家庭中到底有多少身心障礙兒童仍是未知數。（Blackburn et al., 2010: 11）

雖然結婚的人越來越少，而改以同居為之（McConnell & Wilson, 2007），但比起非身心障礙者，身心障礙者選擇上述二者的情形仍屬少見：

顯然身心障礙者未婚情形比非身心障礙者多，且仍保持單身，
……因此，已婚比例差異懸殊，可能反映兩個情形：一是身心
障礙者較不傾向選擇結婚，或者即便結婚，後來可能都分開或
最終仍以離婚收場。（Clark & McKay, 2008: 42）

同時，最近立法認可同性或公民伴侶關係（Civil Partnerships）
可以登記註冊，許多人都在等待立法完成，因此出現一波登記高
峰。但這對於身心障礙的男同志或女同志是否有影響，仍屬未知：
「在 2008 年登記為伴侶關係者有 7,169 對，比前一年下降了 18%」
（ONS, 2010: 22）。

根據 Clark 與 McKay（2008: 37）的統計，比起非身心障礙者，
身心障礙者較少結成伴侶關係。

患有限制性長期疾病（Limiting Long Term Illness, LLTI）或健
康有問題的人，通常會：

- 有較高比例為單身。
- 少數人是第一次結婚或已婚，次多者為同居關係。

身心障礙者與非身心障礙者結婚率的差異，主要原因為：

- 身心障礙者有較高比例離婚或分居。
- 身心障礙者有較高比例喪偶。

同居在年輕一代中雖日漸普遍，但 Clark 與 McKay（2008: 40）
指出身心障礙者的不同經驗：「控制年齡後，身心障礙者顯示比較
少選擇同居，就如他們較不會選擇結婚一樣。」

Morris（1989）對於女性脊髓損傷者的研究發現，在結婚當時便有著脊髓損傷的人，102 位中有 17 位後來離婚了（婚姻維持的期間不等）。雖然有些歸諸於她們的身體傷殘，但社會期待也具有一定重要性：

Samantha 埋怨她的諮商師造成他們離婚，因為他告訴她的先生「有 75% 的婚姻會有口角衝突」，夫妻最後只好分房睡。我的丈夫顯然耿耿於懷，甚至沒有給我們任何機會。在我回家後的十五個月，他終於離開我了。（Morris, 1989: 83）

Clark 與 McKay（2008）檢閱文獻時發現，先結婚才致身體傷殘和結婚時已經身體傷殘的婚姻是有所不同的，前者比較容易分手。不過身心障礙和其他因素之間關係錯綜複雜，也很難判斷出造成失婚的因果關係：

身心障礙對於家庭狀態的改變，可能是因，也可能是果，尤其像是終止長期關係的壓力經驗。當中也有一些重要的中介因素，身心障礙者往往比非身心障礙者貧窮，而窮人比較不容易結婚。所以看起來好像是身心障礙影響了婚姻，或至少像是與身心障礙有點關聯，卻也可能是完全不同的因素造成，諸如所得偏低或退出勞動市場。（Clark & McKay, 2008: 44）

的確有很多原因會造成身心障礙者婚姻關係破裂，雖然有些原因與障礙毫不相干，但要處理身心障礙的問題、又沒有得到足夠的

支持，必然對彼此的關係形成一股壓力。

在某些情況下，保持單身可能是個好選擇，不過我們仍提出身心障礙者會碰到的阻礙，說明為什麼他們比非身心障礙者容易選擇單身。

二、家庭照顧者

家中有一位身心障礙者時，整個家庭都會受到影響。因此我們在探討家庭中身心障礙者的處境時，也必須同時了解這個狀況對個別家庭成員的影響，以及家庭所承受來自外部的經濟與社會壓力。家中若有身心障礙者，其居住環境較不理想、容易身陷貧窮，比起無身心障礙者的家庭，身心障礙者的家庭也較欠缺情緒支持的社會服務。身心障礙出版處（Office for Disability Issues, 2010: online）指出「在有小孩的家庭中，其中若有一名身心障礙者，有 29% 會陷入貧窮，相較於沒有身心障礙者又有小孩的家庭，則只有 20%，前者顯然偏高」。

不論是由於缺乏經費、壓迫的政策，還是社會福利工作不足，貧窮與不足的社會服務支持，終會導致各年齡的身心障礙者依賴家庭與朋友的協助。家中一旦有身心障礙兒童，母親勢必要承擔照顧身體傷殘或障礙的工作（Read, 2000）。如有適當的社會服務支持，身心障礙者就可以決定自己的生活，也可以減輕因身體傷殘造成的依賴。因此也有人主張並不是身心障礙或身體傷殘，而是缺乏這些服務，才造成依賴的關係。

許多服務都透過集合提供的方式，以確保非身心障礙者之生活舒適、安全與行動自如，例如，水或燃料的供應、道路維修或鏟雪

服務等等。這些服務的輸送效率確實讓非身心障礙者有機會享受令人滿意的生活，儘管身心障礙者也能從中受益，但它仍不足實現讓身心障礙者獨立生活的服務承諾（Finkelstein & Stuart, 1996）。

1990 年代，在家庭中提供個人協助（或照顧）已取得官方的認同，而且成功地爭取到讓照顧者也應獲得福利支持，完成了《照顧者法案》〔Carers (Recognition and Services) Act, 1995〕的立法。在立法之前，早期有許多論點出現，如照顧者為國家省下了一筆相當可觀的花費（Nissel & Bonnerjea, 1982）；照顧任務的重責不應完全落在女性肩上（Equal Opportunities Commission, 1982）；並強調缺乏支持的家庭造成的結果（J. Oliver, 1982）。主要的照顧者（62%）都是在照顧身體傷殘的人（NHS Information Centre, 2010: 10）等等。

不可否認的，依賴關係中的任何一方都可能是壓力來源，但問題是，解決的辦法卻與促進身心障礙者獨立生活的目標不相符。對照顧者的認同就是問題的一部分，因為這增強了助人者與受助者之間的不平等關係，而這正是造成依賴的主要原因，由於它認為照顧者的需求，都是因為承擔照顧身心障礙者的「重責大任」（burden）而產生。因此女性主義者希望降低福利服務中對女性的剝削（Finch, 1984），倡導提供短期及長期的機構服務，讓照顧者能稍作喘息。但這種解決方案卻有可能剝奪了身心障礙者完整的公民權。

另有其他學者（Croft, 1986; Morris, 1991）指出，如果運用社會模式來分析時，身心障礙者及女性照顧者的利益是可以相容的，也就是不再特別強調依賴關係中承受負擔的一方（通常是照顧者），反而是以讓身心障礙者獨立生活為目標，將其從依賴他人的生活中

解放出來。Katbamna等人（2000）指出照顧者與身心障礙者之間的關係是複雜的，且他們都經歷了汙名的烙印、愛、精疲力竭與承諾。因此，政策的解決之道，不是將身心障礙者排除於主流社會組織，而是要去除造成障礙的各種阻礙。這正與改變家庭與家戶角色的觀點相符：

> 雖然家戶的規模越來越小、也越來越單純，但相對的越來越多人不受限於家戶的限制，而有更多的承諾與網絡。家戶放棄以往需承擔的經濟與教育角色，並漸漸地運用正式與非正式部門來分擔照顧責任。在家戶之外，有更多接觸網與責任，而這些家戶多是單一核心家庭中共同生活者所組成。（Ermish & Murphy, 2006: 19）

專業人員與決策者常會運用「使用者」（users）與「照顧者」（carers）的用語，表達在社會福利服務輸送中二者都是平等的參與者；但這卻可能忽略了兩個群體之間的潛在衝突。一方面，照顧者其實並未得到被照顧者應給予他們的地位，但另一方面，照顧者又可能壓抑身心障礙者的聲音，甚至阻礙了他們融入社會的努力。對許多家庭與個人來說，照顧者的概念，與生活的現實面並不相符：

> 我們不會將無身心障礙者的家庭成員關係，視為照顧者與非照顧者之間的關係，而會有多元化思考，包括伙伴關係、親子關係、手足關係等等。有些關係可以提供個人協助，有些則否；有些能促使他們的伙伴盡早獨立生活，如父母與子女，有些則

否;有些關係會被濫用且剝削,有些則是自由開放的。因此單把人們分成照顧者與被照顧者兩類,恐怕太過粗略,無法涵蓋所有事實。(Morris, 1993b: 40)

在這些爭議中,社會模式觀點漸漸受到青睞,但照顧者的遊說行動尚未完全接納它。Buckner 與 Yeandle(2007: 5)指出「有些照顧者是沒有選擇的,因為照顧服務匱乏,且其提供照顧的內容太龐大及複雜」,但是照顧者爭取他們的需求時,並不是要讓身心障礙者從依賴關係中解放出來。照顧者似乎認為身心障礙者無法照顧好自己的生活,他們也不了解這些依賴關係會使身心障礙者沒有機會成為獨立與負責的公民。

Aldridge 與 Becker(1996)則認為也許這樣的觀點並不討好,但在殘補式的社會福利制度中,這實在是經濟與政治的現實。不過,這些爭論仍只不過是強化身心障礙者個人模式中的不公平,因為這個模式把身心障礙的問題只界定成福利議題,而不是公民權議題。這樣的問題也許直到父母老邁再也「照顧」不了,才會被注意到。很少人討論該如何解決這種二分法,只有一些小型計畫運用社會模式,將家庭照顧者與身心障礙者放在一起,從個人及組織層面上,發展出他們的合議內容,解決歧見(Thomas & Clark, 2010a)。

有些議題已非個別的社會工作者能力所及,但他們在社會福利行政體系中的貢獻,卻可能對個人及家庭有決定性的影響。社會工作者在面對照顧者的議題時,先不要有預設立場,而應該從人們的實際生活中去理解。在許多關係中,如果其中只有一方是身心障礙者,可能一點都不需要協助,例如:

我的妻子在家持家，而我負責養家活口；我們的朋友都能接受我們；我們的房屋和鄰舍大致沒什麼兩樣，只是維護得比較好一些。妻子幫忙我穿衣服，我則幫忙她沐浴；我們的性生活美滿；出外靠我開車；她從來都沒有足夠打理家務的錢；在特殊場合她總是沒有合適的衣服可以穿。然而，這就如一般婚姻生活，一切正常。（Shearer, 1981b: 29-30）

　　當前婚姻關係中，性別角色也不是十分鮮明，上述的例子真是再普通不過的夫妻生活。與家庭的工作很特殊，需要敏感度與開放的心態，而不要老是用政治規範的複雜關係觀點去判斷。社會工作者的干預，應對個人的角色期望有一定的認識，避免刻板化印象，並從人們看待自己的觀點下，了解身心障礙的影響。不要輕易假設身體傷殘就會有關係方面的問題，即便真的出現問題，也不一定是身體傷殘的影響，而是其他外在因素或其他致障的過程造成。

第二節　關係

一、文化、社群、社會生活與多元性

　　關係包括朋友、家庭、親密的個人關係與性伴侶。許多身心障礙者和一般人一樣有很多關係。但不可否認的，仍有一些身心障礙者因為身體傷殘或社會制度與文化壓力加諸的限制而遇到一些問題，造成他們難以建立或維持關係。身心障礙者生活在各種社區，

包括黑人、少數民族,他們的文化期望南轅北轍。有些人依循英國
的主流文化,也有些人維持自己文化根源的期望。英國主流文化也
因不同區域與不同社經地位而有次文化,有些社區與宗教團體會期
許家庭成員從自己的網絡中婚配,有時幾乎是雙方同意就安排,甚
至強迫新郎新娘成婚。有些家庭會安排尋找身心障礙者婚配,一如
非身心障礙者的家庭一樣。

　　許多身心障礙者都是異性戀,和其他人口群一樣,但是也有身
心障礙者是同性戀者,而他們會比一般身心障礙者和非身心障礙的
同性戀者遇到更多問題。這絕非單純的把兩種類別加起來討論就好
了,在身心障礙者自己的社群中,身心障礙的同性戀者會遇到對同
性戀者憎恨或恐懼的問題,但在同性戀的社群,身心障礙者又會遇
到社會性阻礙。Avante 顧問公司(Avante Consultancy, 2006: 16)的
研究發現:

> 雖然受訪者都說,不論是哪一種性向,他們都會遭遇到硬體設
> 備的不便與障礙,這是一般身心障礙者都會遇上的,但最大的
> 阻礙還是來自於欠缺覺醒、偏見、忽略 LGBT(lesbian, gay, bi-
> sexual and transgender,男同性戀、女同性戀、雙性戀與跨性
> 別)及身心障礙的問題,並且經常會憎恨或害怕身心障礙者。

　　年輕身心障礙者接受的隔離教育或特殊教育也是一個問題。後
天致殘者會發現他們的關係都變了,網絡也不容易維持。當人們逐
漸長大成熟,他們對關係的期待也會改變,尤其是性關係,對於逐
漸年老者來說,這就沒那麼重要了。

身心障礙者生存在非常不同的世界，許多社會群聚的地方，像是酒吧、家庭派對、俱樂部等等，他們根本就進不去。身心障礙者想要在酒吧或派對中去接近別人非常困難，輪椅族或視障者想要接近別人、坐近一點更困難。當輪椅族想要接近一群站著聊天的人時，人家可能以為他只是要路過，完全沒想到他們可能是要參與談話，就算他能擠進這群人，談話也都在他們的頭頂上交錯。行動不便的年輕人發現他們很難參與同儕閒暇時，大夥兒聚在一起或擠在角落的活動，而他們的家長也會過度保護，或不願意讓他們去冒險。成長與離開父母是人生很重要的階段，有點冒險，會做出父母不允許的事，但身心障礙的青少年要仰賴他人接送，他們的行蹤無法欺騙父母，連跟誰在一起也瞞不了人。

二、其他人的態度與反應

身心障礙者在建立與維持關係時，也會遇到其他人反應的問題。有些人可能對身心障礙者個人或這一類的人有偏見，或者人們可能不知道如何與身心障礙者相處，例如對於他們的障礙應該視而不見嗎？還是直說無妨？如果真能如此，要到什麼樣的關係才可以談這些事？Lenny 與 Sercombe（2002: 17）指出，避開與身心障礙者溝通：

> 常被認為是有敵意，可能是因為非身心障礙者看身心障礙者的方式，或者他們避開互動，這種情形又多半是由於不知道該怎麼互動，或者不希望大家把注意力放在他們身上或身心障礙者身上，或者擔心侵犯別人的隱私。

當人們開始平等相待，特別是朝向共同目標一起工作時，偏見就消失了，或者根本從來就沒有這回事。不過由於在教育、就業、交通等生活上，身心障礙者都受到區隔，再加上媒體塑造的負面印象，都使人們未能與身心障礙者積極接觸。對年輕身心障礙者而言，有時父母或學校太過度保護，使他們未能培養出如何與人建立關係的能力。他們欠缺實際經驗，不知如何表達自己，這當然也是由於欠缺接觸的機會或缺乏情緒與社會技巧（Stewart, 1979），但問題不僅於此。其中一個問題便是非身心障礙者的態度與反應，他們在教育上就與身心障礙兒童分開，也較不可能了解如何與身心障礙者建立關係。如果是中途致障者，他們也會將社會與文化期望內化，認為自己再也不可能回到以前的世界了。

三、性與性關係

對性的表達或擁有性關係，都是有益身心的，但談到身心障礙者與性，多半都只討論問題面（Stewart, 1979; Felce & Perry, 1997; Tepper, 1999）。隨之而來的處遇方式常常是「無助益的，因為它們過於僵化、沒有政治色彩，而且是過時的」（Shakespeare, 1997: 183）。事實上，也有人認為身心障礙者這方面的生活已經得到過多的注意，實應回歸到他們的私生活層面。當然，「性與身心障礙產業」之所以吸引人，一方面透露出社會的價值觀，另一方面也的確是想了解身心障礙者性生活的層面。

有些專業人員假設身心障礙者或他們的伴侶都不可避免的有性方面的問題，這其實並無根據。身心障礙者和一般人一樣，有性的慾望，也想發展性關係。但在西方文化中，希望人們順從某些性的

期望，透過商業廣告或大眾雜誌與網站的傳播，告訴人們要如何吸引異性。

極少實證資料顯示有多少身心障礙者遭遇到性方面的難題，以及這個比例是比一般人多或少。Morris（1989）曾以質性方法探討脊髓損傷女性的經驗；Shakespeare 等人（1996）則以傳記與詮釋的方式，探討男同志及女同志的性關係。社會工作者不應假設所有的身心障礙者多多少少都有無法解決的性生活問題，不過一旦案主有這方面的問題時，社會工作者應該要了解原因何在，這是討論這個議題與社工干預的主要關聯。疼痛或沒有感覺或許是雙方無法達到性滿足的原因之一，像是陽痿患者，不同的醫療狀況問題也不同。真實或是想像的生理問題也會影響性行為的表現，如某種藥物的副作用；而處理大小便失禁的儀器當然也會限制或影響性關係。最後，一些顯而易見的心理因素，像是恐懼、焦慮以及較差的自我形象，都非常不利於性方面的表現。

不論是否為身心障礙者，許多人都可能未達到文化與媒體所描述的性表現。其原因與身體傷殘無關，而是社會期望與文化價值造成，不過個人表現與社會期望之間的落差往往會被解釋為個人不足之處。Shakespeare（1996: 192）解釋這些期待如何運作：

在性與愛的範疇裡，一般的假設認為身心障礙者是一種醫學上的悲劇，這觀點深植人心揮之不去。在現在西方國家裡，性動能（sexual agency）是完整成人人格不可或缺的元素，甚至取代了以往被視為最重要的有酬工作。由於身心障礙者在這方面被認為是如嬰兒般純潔，又否定他們是一個有主動性的個體，

因此他們的性慾也就漸漸被漠視。反過來也說得通，由於缺乏性慾，所以身心障礙者對這個問題也就視而不見了。

身心障礙的社會模式也關注到在日間中心及養護機構中身心障礙者的性問題；將身心障礙者以一些特殊的機構隔離起來，並制定規則，規範所有的行為，甚至延伸到接受社區照顧服務的身心障礙者家中。這當中確實有道德的兩難，例如要不要幫助身心障礙者手淫，或者隨他們的意願放回床上，而不依管理人員規定指定他們應待在何處。這些由非身心障礙者所設計出來的特殊服務方式，往往停留在個別身心障礙者的層次。在社會模式下的社會工作實務，應該結束這種病理學的過程，當面對這些障礙時，社會工作者也應發展出對身心障礙者所需的支持。

第三節　父母與子女

一、為人父母

整個二十世紀，西方國家用盡各種方法，防止身心障礙者懷孕生子，從隔離到結紮（尤其是對學習障礙者），而今優生學的觀念仍是許多福利領域考量的面向，然而還是有很多身心障礙者選擇為人父母。「英國 1,410 萬對父母中，有大約 12%（170 萬）是身心障礙者，另外有 110 萬個有兒童的家戶中，父母中至少有一位是身心障礙者」（Morris & Wates, 2006: 15）。

根據《家庭與兒童研究》（*Families and Children Study*），身心障礙母親的障礙情形包括：「手臂、腿、手、腳、頸部或背部（包括關節炎或風濕）的問題（47%）；憂鬱症或其他精神疾病（26%）；胸腔或呼吸方面的疾病，如氣喘或支氣管炎（17%）」（Morris & Wates, 2006: 16）。

另一份稍早由 Goodinge（2000）進行的深度研究，則發現英國大約有 120 萬至 400 萬名身心障礙父母，其中超過三分之二是女性，而且數量還在增加。她檢視八個政府的社會服務部門，發現有 621 位身心障礙父母接受服務，其中大部分是身體障礙（61%），另外 12% 有學習障礙。不過更值得注意的是其中有五分之一都列為兒保個案，如果只算學習障礙的父母，這個比例提高到三分之二。這些數字顯示，社會工作者如果不是因為兒童保護之故，似乎不太會對身心障礙父母的家庭提供支持服務。Goodinge 所調查的這些政府部門中，沒有一個有任何系統性的方法，確認出哪些家庭中有身心障礙父母，更遑論提供支持服務了。

Wates（2004: 137）指出，主流文化的態度總將身心障礙者描述為脆弱、無能與依賴，相對應的兒童照顧政策則是以「身心障礙家長的孩子（孩子大部分為非身心障礙者）為主要『案主』、潛在的服務接受者，而不是將負擔照顧責任的身心障礙家長視為服務對象」。

她進一步指出，如果身心障礙的家長能參與服務，就能改善整體服務（Wates, 2002）。同時，在 2010 年時，英國政府網頁上對身心障礙者的建議也充滿希望：「請記住，對於身心障礙者或身心障礙家長的評估就是需求的評估，它非常重要，因為如果能得到正確

的支持服務，他們子女的需求也能一併解決，而毋需『兒童與家庭團隊』再介入。」（Direct Gov, 2010: online）

在《人民優先》（*Putting People First*）宣導手冊中，地方政府表示：「在評估個人需求時，委員會應了解，如果他們需要照顧十八歲以下的子女，就可能需要支持服務才能履行責任。」（Department of Health, 2010a: 11）

然而什麼時候應給予何種適當的支持，仍具有爭議性，因為這時似乎把身心障礙者的子女當成一個小小照顧者。這種依賴觀念的假設深深的影響著家庭，尤其是在父母與子女的角色轉換時。Keith與 Morris（1995）認為這似乎否定了身心障礙者擔任親職的能力。這些研究多半假設，由於父母本身是身心障礙者，因此產生照顧的問題，而完全沒有想到是欠缺適當的社區支持服務。此外，基於照顧者需求來提供支持服務，不僅忽略環境的現實面，且等於將問題歸因於身心障礙者。社會工作者不應將焦點放在小小照顧者，認為他們是不可或缺的幫手，反而應該應用社會模式看到身心障礙的父母需要什麼樣的支持服務，才能扮演好親職的角色。

有些身心障礙者為了照顧孩子，確實需要一些支持服務，但也有一些服務是基於危險性或不必然與身心障礙者相關的問題，像是藥物不當使用或家庭暴力的問題：

兒童成長與未來的福祉都受到成人的影響，有些對兒童的風險因素來自於父母身體上或學習上的障礙、精神健康問題、藥物濫用問題，以及家庭暴力事件。這些風險都應加以注意，攸關人身安全與自由，不論在兒童服務或成人服務都一樣重要。

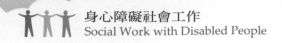
（ADASS, 2009: 4）

　　這樣的觀點使許多專家再介入，他們並不完全認同身心障礙者可在一定的支持服務下扮演好親職角色。最明顯的例子莫過於在申請身心障礙生活津貼（Disability Living Allowance, DLA）時，完全不問身心障礙的父母需要何種服務來完成責任，反而要他們證明在沒有他人的監督下，可能會對孩子造成危險。Goodinge（2000: 2）就指出這種服務的不適切性，完全悖離了社會模式精神：

　　我們非常憂心，儘管資深管理人員認為，身心障礙的社會模式是委員會工作的指導原則，但這個概念並未貫徹到所有員工。基層人員的焦點要不就是在家庭中的兒童，或者是只考慮到成人身心障礙者個人需求的影響，社工員很少看到整個家庭，及如何支持與協助父母在其處境中履行父母的責任。

　　Goodinge（2000: 2）提供了一些建議：

　　面對身心障礙的父母，勢必應在哲理與實務上有所轉變，對他們的服務應立基於：了解身心障礙者的權利、在現行法律的範圍內，支持他們完成親職的責任與角色。

　　雖然她的報告主要是提供實務應如何執行，但仍值得注意的是地方政府對於身心障礙的社會模式接受度為何，又如何將其轉化為社會工作介入時應遵守的原則。

Priestley（2003）指出身心障礙者不僅常被認為沒有能力當父母，更經常是被監督而非被支持。他提到幾項使用者導向的服務，確實可以在非指導性的方式下提供支持，像倡導或直接給付，都將在第四章中介紹。社會工作者的挑戰在於要尊重身心障礙者的權利，同時提供支持服務，使身心障礙者可以完成養兒育女的任務，而不是因為身心障礙的理由來監督他們。

二、身心障礙兒童

身心障礙兒童的誕生，對家庭來說，是一個創傷且令人希望破滅的事實，這也是專家學者處理此一議題最主要的觀點。人們通常假設家長不僅需要正確的資訊以及實際的協助，也需藉由助人技巧來克服無法生出健康孩子的失落感與悲傷難過的心情（Selfe & Stow, 1981）。然而這個觀點並非無懈可擊，有其他研究者指出，生育身心障礙兒童並不必然帶來負面的情緒反應（Roith, 1974; Avery, 1997）。

當壓力出現時，通常是由於有些未解的現實難題，以及身心障礙與貧窮的關聯性：

童年時期的身心障礙與貧窮有兩種可能的關係。身心障礙兒童最常過著貧窮的日子，而貧窮的兒童又比富裕家庭的兒童容易產生身心障礙的情形。在 2002/2003 年間，身心障礙兒童的家庭中，有 29%身陷貧窮生活，相較於沒有身心障礙兒童的家庭，只有 21%有此問題。童年期持續的貧窮不僅影響童年經驗，同時也對未來生存機會產生影響。（IPPR, 2007: 6）

　　因此當我們討論身心障礙兒童對家庭生活的影響時，個人模式與社會模式各有不同詮釋。由於了解有身心障礙兒童的家庭遭遇到的挫折，政府在 2007 年提出「關注身心障礙兒童」（Aiming High for Disabled Children）的社會政策，提供專屬的資源，並提出身心障礙兒童標準（Disabled Children's Standard），用來促進獨立、早期介入與多機構的規劃（Department for Education, 2007）。不過最近的研究指出它並未帶來預期的效果，身心障礙兒童仍身處劣勢：

> 身心障礙兒童和非身心障礙者居住在不同的條件下，他們比較常居住在低收入、被剝奪的環境，以及負債與貧窮的家庭中，尤其是混合黑人、少數族裔父母的家庭，以及單親家庭。童年期的身心障礙情形和「單親」與「身心障礙父母」有關，即便控制社會不利因素後，這個關聯依然存在。（Blackburn et al., 2010: 1）

　　缺乏實際協助，對於家庭關係影響甚鉅，身心障礙兒童和具高度需求的父母，如果未能得到足夠的服務，其關係可能會很糟糕：

> 超過一半的受訪家庭（55%）表示除了照顧者的角色以外，和配偶或伴侶相處的機會非常之少，有些身心障礙的孩子需要日夜的照顧，一位家長為了照顧不能工作，另一位就得要工作更長時間才能養活這一家。許多評論亦指出由於照顧的需求，夫妻難能共處，甚至各自有不同的社交生活，因為一方在照顧，另一方就得把握機會休息或和其他子女共處，更多時候是夫妻

完全沒有任何社交生活可言。研究顯示家有身心障礙兒童的夫妻更容易分手。（Bennett, 2009: 13）

在研究中，請家庭列出有哪三件最重要的事可以支持他們，回答的家庭列出的優先事項如下：

- 全家有休閒時光（46%）。
- 有給身心障礙兒童專門的遊戲活動（42%）。
- 希望社區或社會能更了解他們（37%）。
- 希望夜裡休息時不被打斷（30%）。
- 和其他情況相同的家庭見面相聚（7%）。
- 能有地方性的兒童中心（5%）。（摘自 Bennett, 2009: 23）

社會工作者經常會透過提供社會服務解決問題，但上述調查中對兒童中心的需求卻在很後面的排序。由於家庭可領取直接給付的現金，因此完全不會想到服務，而能有很多創意的想法。Bennett（2009: 23）提出家庭需要的實質協助：

許多受訪者的意見，使我們了解提供實際協助的困難，因為他們希望能過著自己想要的那種生活。許多家庭談到他們的壓力及挫折是來自必須和極少的支持奮戰，而無法和制度奮戰者顯然是更為脆弱的家庭。

社會工作者當然可以協助他們，包括確保他們取得應得的津貼；與民間組織接觸，如家庭基金會；或與其他機構協調，如住宅

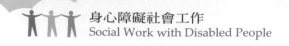

局。社會工作者也應評估及提供服務與給付，特別是在公部門服務者，這些實際的支持都會在第四章介紹。

三、長大成人

長大成人、離開學校，對任何年輕人來說都是件大事，但身心障礙者卻有更多問題要面對，如期望較低、缺少持續的服務、無法追求更高教育，以及無法順利接受教育、就業或訓練（IPPR，2007）。已經一路爭取到底的家長們，在此時更無法接受一切只能「順其自然」，要他們的子女在未來自生自滅。

這固然是身心障礙兒童與少年長大成人必經之路，各種組織的介入也代表這是一個服務轉銜的階段。從組織層面上來說，各服務之間缺乏溝通就會產生問題，包括對身心障礙兒童、青少年及成人的服務。《1986 年身心障礙者（服務、諮詢與代表）法》〔Disabled Persons (Services, Consultation and Representation) Act 1986〕特地在第五條及第六條中提出了這個議題，建立一個架構，使這些服務機構能互相溝通，確保責任銜接，並使身心障礙青少年能順暢地轉銜到成人服務。只是轉銜不能只在行政程序，還需要兒童與成人服務方面具關聯性的政策。同時，青年身心障礙者應該參與決策過程、參與社會工作者發展身心障礙兒童家庭的服務，以及運用身心障礙公平訓練，以推廣身心障礙的社會模式。儘管 1997 年開始聯合服務，但實務上的改變並不多。此外，溝通也不應僅限於兩個機構，而應該更擴大到醫生、健康專家、住宅局與雇主。他們都與社會中的障礙有關，也都應該在身心障礙服務的實務上有所改變，這才能使身心障礙兒童和非身心障礙者一樣有機會進入成人世界。

四、身心障礙者的老化

我們並無意單獨處理老人社會工作的主題，因為已經有許多作者談論過當老人失能時，社會服務應擔起什麼責任（例如 Philips et al., 2006; Crawford & Walker, 2008）。本節所關注的是從年輕時就已經是身心障礙者，邁入老年時的問題，當然，這和前面所說的問題也有一些關聯性。

以往我們對於身心障礙者老化的情形一無所知，因為過去也少有身心障礙者能夠存活到老。然而，到二十世紀末期，身心障礙者已經活得更久，而許多研究者（Morris, 1989; Zarb, 1991, 1993; Zarb et al., 1990）已經開始研究這樣的議題，並檢視提供支持性環境的結果。Zarb（1993）指出，用一個正確的概念性架構來了解這個議題是很重要的，因為傳統心理學的老化概念及政策分析，對於身心障礙者邁入高齡時的個人、生理及社會後果的解釋並不合宜。

儘管每個人的老化經驗不同，但碰到的問題都有一些共通性，包括個人失能方面的問題，以及社會對於身心障礙者老化時的反應所造成的社會問題。Zarb（1993: 190）描述了一些個人議題：

許多人的生理變化，都被認為是他們原來身心障礙情形帶來的長期效果。某些人確實會因為原來的身心障礙情形或是因為長期醫療與復健，而產生第二種失去功能的情形。

個人的身心障礙會因為年華老去而更加惡化，對於個人協助的需求也會增加。然而，現今社會政策的假設卻正好相反，反映了社

會刻意將角色期待與年齡連在一起，這種制度與組織的結合，產生了另一種轉銜歷程。由於社會服務部門在社區照顧的支出限額，是依據養護與護理機構的費用來設定，因此對超過退休年齡（六十五歲）的人來說太低了，甚至比處於工作年齡的人可領到的還少！同樣的，社會安全給付通常在退休年齡時會被降低，而其他諸如不再發放身心障礙者行動的財務支持，使得這些比起一般人原本就沒什麼機會賺養老金的人，收入更是驟減。

年華逐漸老去常常使人們回想起他們的早年生活，而對於某些身心障礙者而言，這樣的回顧充滿無法實現的希望。MacFarlane（1994）指出，特別是女性身心障礙者，她們回顧過去一生中被剝奪的權利，無法享受兩性關係及生兒育女，盡是令人氣餒的經驗。雖然這是身心障礙者一生所經驗到整個社會對他們的反應，但多少也是政策與制度加持的結果，當年並沒有提供給年輕人足夠的支持服務：「想到即將邁入六十歲，實在很可怕，可能幾乎找不到服務，而原有的服務也可能被重新評估，甚至因為日益衰老而有所改變」（MacFarlane, 1994: 255）。

衰老或許成了一種時間上的威脅，並不只是因為逐漸虛弱的健康情形或是情緒上的憂傷，更因為福利機構的反應，特別是他們把養護照顧視為回應個人需要協助的一種比較好的方式。Zarb（1993）指出，這種對於生活型態的威脅，造成許多老人想安樂死或是自殺，這對於社會服務在提供日益衰老身心障礙長者照顧服務時所扮演的角色，無疑是一個嚴厲的控訴。社會工作者是地方政府的橋樑，必須協助身心障礙者個人取得服務，確保這些個人能夠維持生活上的獨立性以及自我選擇。再一次提醒，了解身心障礙者所

面臨的問題是有必要的；但更重要的是，要了解許多障礙都是在身心障礙個人模式形成的政策回應下所產生的結果。

🌸 章節回顧

- 社會工作者對於問題的發生與否應保持一種開放的心態。
- 問題可能是：

  1. 由於個人或性別本質產生的個人問題。

  2. 由於欠缺資源與實際服務產生的問題。

  3. 由於個人行為與社會期望之間的落差產生的問題。

- 社會工作者應考慮這些可能的因素，並鼓勵身心障礙者能準備好參與社會，而不要自我隔離於學校、日間中心或照顧機構。
- 解決問題的方法在於和身心障礙者及其家庭合作，找出其他形成阻力的障礙。
- 身心障礙成人、兒童及他們的家庭和所有人一樣，在一生中會遇到相同的問題，當然也包括像黑人、少數族裔、宗教社群、男女同性戀者。
- 身心障礙者會遇到更多問題是來自於社會制度、文化期望與壓力。
- 社會工作者應警覺有許多社會與文化的影響加諸於身體傷殘效應之上。

 反思練習

習題 ❶

我們大部分人對於如何提升自己的生活都有很高的自主性。思考為什麼政府要訓練專業人員來替身心障礙者做決定，請試著回答下列問題：

- 社會工作者為什麼要評估身心障礙者的需求？
- 如果由身心障礙者自己來評估他們的需求，會有什麼問題？
- 運用你自己的回答，想想看如果由別人來為你做決定，你的生活會有什麼不同？

習題 ❷

- 列出三種你較為熟悉的醫療症狀，再針對三種不同社經地位背景的人，列出三種醫療症狀下的九種不同需求，在他們身上會是什麼情形。
- 檢視你所列出的資訊，哪些需求是來自醫療症狀，哪些又是因為社經地位而產生？

延伸閱讀

- Morris, J. (1993). *Independent Lives: Community Care and Disabled People* (Basingstoke, Macmillan).
- Shakespeare, T., Gillespie-Sells, K., & Davies, D. (1996). *The Sexual Politics of Disability: Untold Desires* (London, Cassell).

本書為身心障礙者與性別研究之著作，特別探討男女同性關係。

- Thomas, P., & Clark, L. (2010a). *Building Positive Partnerships: An agreement between Family Carer's Organisations, Disabled People's Organisations, Deaf People's Organisations and User Led Organisations* (Manchester: Breakthrough UK).

  由身心障礙者與照顧者組織訂定的協議，以增進彼此之間的合作。

- Zarb, G. (1993). The dual experience of ageing with a disability, in J. Swain, V. Finkelstein, S. French, & M. Oliver (eds.) *Disabling Barriers-Enabling Environments* (London, Sage).

  本章探討障礙者經驗的改變，以及如何轉銜到老人的服務與系統。

- **Breakthrough UK** 是一個身心障礙者組織，執行有關社會模式的研究與諮詢，網址：http://www.breakthrough-uk.co.uk/

- **Carers UK** 提供照顧者支持網絡，網址：http://www.carersuk.org/

- **Disabled Parents Network** 是由一群身心障礙家長所組成的支持網絡，網址：http://www.disabledparentsnetwork.org.uk/

- **Shaping Our Lives** 是一個由使用者所管理的獨立組織、智庫與網絡，認為社會應公平與平等，使每個人都有相同的機會、選擇、權利與責任，網址：http://www.shapingourlives.org.uk/index.html

第 4 章

獨立生活與個人助理

　　1970 年代，身心障礙者漸漸無法滿足於缺乏選擇與無法主導的生活，同時對提供支持的專業人員也表達不滿。十多年來，身心障礙者透過運動爭取到更多的選擇與自主權，直接給付的措施也貢獻良多。這些運動與接受直接給付的身心障礙者最後所獲得的支持系統，都是由身心障礙者自己的組織進行的，這個組織就是「獨立生活中心」（Centres for Independent Living，以下簡稱 CILs）。

第一節　獨立生活中心的發展與重要性

　　邁向獨立生活並不是由專業人員、決策者或家庭照顧者催生出來，而是由身心障礙者自己在 1970 年代倡導出來，最早可追溯到美國出現的 CILs。柏克萊大學的 Ed Roberts 在聯邦基金的補助下，和其他學生展開了肢體障礙學生計畫（Physically Disabled Students Program）。1972 年，他們設立第一個 CIL，它並非附屬於學校，身心障礙者可以在此就求職、居住及個人支持等方面尋求協助與相互支

持。美國的CILs也成功爭取到聯邦與州政府的補助，以提供身心障礙者服務。CILs可以拒絕執行以往那套制度性的解決方案，而傾向由身心障礙者來決定他們希望的服務方式（Shearer, 1984）。最後他們不僅重新建構福利，並促使美國通過全面反歧視的立法，也就是1990年的《身心障礙人士法》（Disabilities Act）（Oliver, 1996）。不過，儘管小有成就，但即便進入二十一世紀時，美國醫療補助計畫（Medicaid）用在身心障礙者身上的預算，仍有 80%花在護理之家（nursing homes）。

在英國，這些運動則始於 1980 年代早期，身心障礙者在漢普郡（Hampshire）成立了第一個 CILs，稍晚在南安普敦（Southampton）也陸續成立。其中，1984 年在德貝郡（Derbyshire）成立的CIL 最為成功，他們以「融合生活」（integrated living）而非「獨立生活」為號召（Davis, 1984）。這些CILs是立基於身心障礙者的社會模式。德貝郡身心障礙者聯盟（Derbyshire Coalition of Disabled People）指出身心障礙者要能獨立生活，應滿足七個需求，形成所謂「獨立生活七要件」，並且仍為CILs的基礎，這引發身心障礙者對於融入社區生活的熱烈討論：

> 住宅如果不改，就不會有進展，透過住宅設計，可促使特定科技協助的效益提升。這兩者的結合，也會對於個人協助（personal assistance）的需求量與制度運作產生顯著的效果。
> 其次，只提供資訊是不夠的⋯⋯應該有建議與諮商服務，使資訊轉換具有實務的效用⋯⋯其他像是交通的可及性（出門在外的行動）、環境的可及性亦同。也就是說即便有可及的交通，

但如果要抵達這些交通設施本身就困難重重，那麼身心障礙者也無法真正體驗且受益。

從身心障礙者的觀點來看，如果要使他們從隔離的照顧機構、極度被剝奪的環境中出來，能充分的融入社會，必然會依序遇到以下七件事（Davis, 1990: 6-7）：

- 資訊。
- 諮商。
- 住宅。
- 科技協助。
- 個人助理。
- 交通。
- 可及性。

漢普郡與南安普敦的 CIL，又增加另外五項需求（Davis 將其描述為「次級」需求），形成「十二項基本權利」（12 basic rights），推向獨立生活之路：

- 融合教育與訓練。
- 適足的所得。
- 就業機會平等。
- 倡導（朝向自我倡導）。
- 適足與可及的健康照顧服務。

（Southampton CIL, 2010: online）

身心障礙者自己的組織成功地爭取到直接給付，並展現它帶來

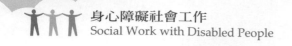
的好處，同時也成功地讓服務使用者參與支持直接給付的運動。

在 1990 年代晚期，英國身心障礙組織協會（British Council of Organisations of Disabled People）設立全國獨立生活中心（National Centre for Independent Living, NCIL），帶領身心障礙者爭取直接給付，使他們能自己安排個人助理（Evans, 2002）。NCIL 可協助地方組織執行個人助理計畫（Personal Assistant Schemes），如格林威治身心障礙者聯盟（Greenwich Association of Disabled People, GAD），就運用個人助理顧問（Personal Assistance Advisor），來協助處理人們在僱用個人助理時遇到的問題。這個計畫執行三年後，經過的評估結果如下：

推廣一種像個人助理制的獨立生活選擇，不僅在道德上討人喜歡，在專業上也是適切的，提供的服務也能符合成本效益，不會造成服務過剩或服務不足的情形，這時候，法定購買服務和生產的服務恰好與需求是相符的。（Oliver & Zarb, 1992: 13）

雖然 CILs 在英國數量不多，但對於使用過其服務的人們，有很大的影響，這和人們過去和社會工作接觸的經驗大不相同（Barnes et al., 2001）。

爭取使用者主控的運動，對於社會政策有很大影響，在《提升身心障礙者生活機會》（*Improving the Life Chances of Disabled People*）的報告中，描述 CIL 如下：

它是一個草根組織，由身心障礙者組織管理。它們的任務在於

協助身心障礙者能控制自己的生活，充分參與社會。……大部分CILs的主要活動及收入來源，是執行一些支持性的計畫，讓身心障礙者可以運用直接給付。這些計畫包括：建議與資訊、倡導與同儕支持、協助召募與僱用個人助理（Personal Assistants, PAs）、薪水服務、個人助理登記與訓練。（Prime Minister's Strategy Unit, 2005: 84）

　　《生活機會》（*Life Chances*）報告同時也建議各地方政府應支持CILs的設計，設立使用者導向的組織（User Led Organisation），並在《人民優先》（*Putting People First*）報告中再次重申（Department of Health, 2007: 4）。透過衛生部的資金，可以支持地方政府發展使用者導向的組織。

　　CILs鼓勵身心障礙者能主導他們使用的服務。不似社會服務部門的制度化取向，經常對於身心障礙者的福利期望進行道德判斷，反之，CILs會傾聽與尊重服務使用者，將他們視為公民。這是重要的發展，它們提供支持以安排實際的協助。社會工作者的角色在於尋找與提供適合的資源，包括充分運用由地方CIL提供的服務。這再一次說明了焦點的改變，不再是個人模式，而是社會模式，而謹記上述十二項基本權利絕對有助於落實這樣的改變。

第二節　個人助理與直接給付

　　在英國，CILs的主要角色為：建議與支持身心障礙者運用個人

助理計畫，這能增加他們每天生活中的選擇與主控性。為了僱用個人助理，身心障礙者需要直接的給付。1948 年的《全民救助法》（National Assistance Act）將個人照顧服務的責任與財務下放到地方政府，雖然可以直接供給或購買私人或志願組織的服務，但並不允許提供費用給個人去購買個人照顧服務。這使得身心障礙者無法如美國的 CILs 那樣運作。

直到 1988 年成立獨立生活基金（Independent Living Fund, ILF）後，英國的身心障礙者才有機會用現金取得他們需要的服務，運用 ILF 使他們可以取得地方政府提供的服務。具有高度需求的身心障礙者可獲得資金，是身心障礙者空前的勝利，遠超過他們對政府的期望。隨著 1990 年的《全民健康服務與社區照顧法》（NHS and Community Care Act）實施，到 1993 年時，更多責任下放到地方政府。截至 1992 年 ILF 關閉為止，有 22,000 人申請到給付（Morris, 1993a: 171），這些人則移轉到 ILF 延伸基金。同時又設立另一個 ILF 基金，提供需要政府其他財務協助的申請人。

對於接受 ILF 資金，以及其他仰賴地方政府服務的身心障礙者，仍然批評這些直接服務過於僵化，阻礙獨立生活與融入社會。他們持續的反應，最後獲得政策回應。1996 年的《社區照顧（直接給付）法》，使得政府得以依法直接提供現金給身心障礙者，而不再是只提供服務。最初這個計畫並無強制性，但到 2004 年 4 月時，衛生部要求地方政府依 2001 年的《健康與社會照顧法》（Health and Social Care Act）授與的權力，提供直接給付，這大大克服以往提供服務的問題。不過雇主從政府移轉到個別身心障礙者身上，也必須指導他們學會召募與管理服務，而這正是 CILs 的功能所在。

除了直接給付外，ILF仍持續發放，到2006年時，有18,000位使用者。不過2010年已宣布停止接受申請，並期待完全由地方政府負起責任。

直接給付有機會徹底改變身心障礙者和提供照顧者之間的關係，但部分地方政府的動作太慢，尚未使身心障礙者都能取得 CIL所提供的支持服務。Barnes 等人（2004: 10）發現：

傳統上屬於工黨的地方政府尚未發展直接給付，相反地，有強勢的使用者導向支持組織的保守黨政府轄區，使用者已顯著增加了。

CSCI（2009: x-xi）最近的一項調查則顯示，身心障礙者使用直接給付，其實也有一定程度的困難度，包括要將重點由身體障礙移轉到外部阻礙，以及議員、地方官員、服務使用者及其家庭等，對於個人預算的基本概念、可行性以及如何運用，各有不同想法。

Davey 等人（2007）的調查則發現地方政府對於實施直接給付仍有所保留，他們擔心服務使用者與照顧者如何使用這筆給付、政府官員會抗拒，以及找不到合適的個人助理。因此有效的支持制度，是促成直接給付制實施的重要因素。

在這麼多困難之下，任何身心障礙者若真能獲得直接給付，就算是空前的成就了：

如果政府不願推動直接給付、不要求行政官員、設計出很繁瑣的申請程序，又無法提供適切的建議與支持，那麼身心障礙者

只有憑著決心毅力和這個系統拚了，才有成功的機會。
（Glasby & Littlechild, 2009: 42）

　　幸好中央政府（儘管改朝換代了）仍保證會實施直接給付制，身心障礙者當然也需要它。直接給付已經擴及所有符合社會照顧服務的人，地方政府有權力（但無責任）提供直接給付給無心智能力者，並確保有人可以負責管理這筆給付。

　　在 2009/2010 財政年度，十八歲以上的成人有 166,000 人獲得直接給付，比 2008/2009 年度時的 86,000 人增加了 24%（NHS Information Centre, 2011a: 41）。同時它的支出也跟著增加：

　　直接給付支出從 2008 至 2009 年到 2009 至 2010 年增加了 31%，
　　支出的金額相當於 2009 至 2010 年對成人（照顧）總支出的 5%
　　（8.15 億英磅）。（NHS Information Centre, 2011b: 11）

　　不過，這就比例而言只是一筆小錢。

　　另一個因應獨立生活而來的重要發展是個人預算，所有身心障礙者經評估如需要服務，就會建議由一筆預算來提供支持服務，這筆錢納入直接給付的一部分，或將直接給付完全運用於這項服務亦可。個人預算的想法來自於服務學習障礙者的經驗，以及「尊重人民」計畫（Valuing People），主要由學習障礙者的家庭照顧者所推動，尤其是一個名為「控制」（In Control）的民間組織，他們的宗旨是能決定及控制需要何種支持服務，但預算本身仍由地方政府來管理。雖然這項措施的起源和直接給付不同，但仍受到身心障礙者歡迎。

2009 年《福利改革法》（Welfare Reform Act）的另一項措施是「有權控制」計畫（Right to Control），使身心障礙者獲得法定權利，可以選擇與控制他們想要從社會服務以外的地方取得服務。這些服務包括來自於就業相關的支持計畫，如「促進就業」（Access to Work）與「工作選擇」（Work Choice），以及非法定的住宅支持計畫，如「支持人民」（Supporting People）。此一計畫同時涵蓋其他立法所提供的服務，包括「獨立生活基金」（Independent Living Fund）、「身心障礙設備補助」（Disabled Facilities Grants）與「成人社會照顧」（Adult Social Care）。整個概念就是人們可以有一筆個人預算，並可選擇在不同計畫項下使用直接給付（Department of Health, 2010c）。

此外還有一個個人健康預算試驗計畫，同樣是要使人們在規劃與管理他們所需的支持服務上，有更大的主導權（Department of Health, 2010c）。

這種共同生產（co-production），就是使用服務者必須自己設計及管理服務，另一方面也代表專業人員得交出他們的控制權。Hunter 與 Ritchie（2007: 155）支持這個想法，但他們也指出：

共同生產不是萬靈丹，不能完全解決「設計很好的服務，執行起來卻荒腔走板」的問題，不過這倒是可以讓專業人員一起來重新思考，當面對人們需要服務時，經常用「我們會想辦法」的一貫反應，以及不能容忍制度有所缺失的問題。如果能了解人群服務其實不是完美無缺時，就有機會共同創造更永續的社區。

Hunter 與 Ritchie（2007）同時也說，共同生產是一個哲理，而不是模型。

如果社會工作者承諾應提供沒有標籤效應（non-stigmatised）的服務，直接給付可是自 1948 年以來，實踐這個理想的最佳機會。就如資深管理者與顧問所指，在《照顧人民》（*Caring for People*）報告書（Department of Health, 1989）中就看到，要將預算的責任下放給個案工作者仍有困難，而社會工作者也同樣的並不想替身心障礙者承擔這樣的責任（Sapey & Pearson, 2002）。社會工作者應和身心障礙者一起工作，將這樣的改變帶到機構。社會工作者與照顧管理者必須將以往為人們購買或提供社區照顧服務的責任，轉變為支持個人來執行個人助理制度。社會工作者的角色在於確保這些經費的管理運用，身心障礙者如何負起責任的使用服務，而其目的都應該是協助人們獨立生活，而不是複製制度化照顧的障礙。

第三節　評估

一、評估的重要性

雖然身心障礙者已經有機會選擇與控制他們所需的服務，但必須先經過需求評估。Bell 與 Klemz（1981: 117）指出：

在社會服務部門，評估肢體障礙者的目的，在於為他們連結所需的適切服務，同時也會建議他們需要的其他服務。

Doyal 與 Gough（1991）描述專業對需求的評估是一種「殖民主義取向」（colonialist approach），也就是由一群人去對著另一群比較沒有權力的人，決定什麼對他們最好。學者認為應有客觀與一致的觀點來看待需求，才不會流於主觀認定，重點是不要將單純的需求評估，與社會該如何處理這些需求、或者能處理到什麼程度混為一談，二者應區分清楚。而從評估服務資格演變為評估需求，來自於《全民健康服務與社區照顧法》，社工員或評估人員應專注於可購買或提供什麼服務，才能使人們更獨立生活。Sapey（1993）則批評 1990 年的立法仍受自《濟貧法》以來的社會政策傳統觀念影響，認為地方政府比身心障礙者本人更了解他們的需求，如果政策結構下就需要有人去評估，我們也不應該只關心他們用了什麼方法評估而已。

問題來自兩方面：首先，應該分辨出表面與實際的評估原則，其次則是評估是否能反映案主關心的需求，而不是專業者所代表的觀點，甚至世界的觀點所認定的需求。

近來，需求導向的觀點漸漸轉變為成果導向（outcome-based）的評估與審查（Department of Health, 2010a）。如果能決定想要什麼結果，那麼就能指向需求評估，以及要什麼支持才能達到成果，因此看起來是成果導向，但在過程中，很快就會回到需求導向的評估。實務上，評估也應與《邁向公平的照顧服務》（*Fair Access to Care Services*）中所提到的資格要件架構（eligibility framework）一致（Department of Health, 2003），並在《人民優先》（*Putting People First*）的需求優先順序指南（Department of Health, 2010a: 21）中再次述及。最後社會照顧服務會依序分為四類：迫切需要的、重

要的、適合的與低度需求的；漸漸的，地方政府只會投注資源在迫切需要與重要的服務項目。評估的另一個主要目的在釐清支持所需的成本：

> 資格標準可以描述出整個組織可以滿足的需求是什麼，充分考慮有什麼資源。顧問人員應和身心障礙者通力合作，確認想達到什麼成果，再找到會影響成果又還無法滿足的需求。（Department of Health, 2010a: 19）

實際上，地方政府會決定要如何滿足需求，而成本是個重要的因素。身心障礙者憂心政府會因為成本考量取消某些服務，因為「地方政府同時也代表了許多其他需要福利支持的案主們，大家都必須使用有限的資源」（McDonald, R. v Royal Borough of Kensington & Chelsea, 2010）[1]。

---

[1] 譯註：McDonald, R. (on the application of) v Royal Borough of Kensington & Chelsea 一案係於 2006 年發生於英國的一件案例。本案中之身心障礙者因原本的障礙加上不慎摔傷，需要專人照顧，特別是在夜間協助如廁二至三次，地方政府為減少照顧支出，要求當事人改穿其他護理用品或使用床墊來克服如廁問題，以減少支付照顧員所需的費用。此案中，政府為地區性預算資源的運用，需進行服務方案或經費的審查或刪減，因為他們代表地區裡其他可能有需求的障礙者，但當事人認為由專人協助如廁，才能維持基本的生活尊嚴。有興趣的讀者可在下列網址查詢進一步的資訊：http://www.disabilityalliance.org/mcdonald.htm

二、自我評估

　　錯誤的評估很容易看得出來，但要找到一個好的實務模式卻不容易。Sapey 與 Hewitt（1991）指出，社工人員及其他社會服務部門的人員，是站在案主與各種福利法規所賦予的權利之間。要提供哪些服務，需視地方政府評估的結果，因此擔任評估的人，不僅是稀有資源的守門人，更代表國家對當事人的權利進行准駁之權。二位學者進一步指出，如果評估是需求導向的，那麼身心障礙者也一定要參與執行評估。自我評估已獲得部分官方的認可，如CCETSW在訂定與身心障礙者共事的守則時也指出：「自我評估是評估過程中重要的一環，也是後續計畫與評估的起點；換言之，身心障礙者才是他們需求的最佳代言人」（Stevens, 1991: 19）。

　　卓越社會照顧研究機構（Social Care Institute for Excellence, SCIE）積極推動自我評估，其於 2004 年 11 月舉辦的一場有關獨立生活的研討會中，包含來自身心障礙權利委員會（Disability Rights Commission）與政府代表等參與者，都明白表示自我評估將是下一個重要目標，它也是確保身心障礙者邁向獨立生活的重要過程。某些屬於健康需求的自我評估已獲衛生部支持，許多地方政府也有線上自我評估，讓人們可了解自己是否符合一些複雜評估的資格。不過這可能會過濾掉一些潛在的申請人，因此「真正的」評估還是要由社區照顧評估的社工員來執行。

　　Middleton（1997: 3-4）也很關心自我評估，但她強調評估時的專業角色不只是一個接著一個按表操課的單一動作：

評估是一種管理多種需求的藝術，並協調出最合理的結果，要
在不同的組織需求、立法條文、有限資源、政治與個人關心的
事務中找到方向，在跨機構之間交涉協調，而它們背後的基礎
經常在改變，因此要能掌握全局，才能找到促成改變的最佳方
法。

因此，評估或自我評估是複雜的任務，不只是拿個表格打勾那
麼簡單。Middleton認為當社會工作者和身心障礙者共同合作時，社
會工作者有許多可發揮之處。Harris（2004）則指出如果我們要將身
心障礙者以服務使用者看待，就應該改變評估的焦點，不是由機構
來界定需求，而是由身心障礙者表達他們期待的結果。「只關注於
『需求』，會產生很多問題，包括概念上與實務上。確認需求絕不
是技術，因為它往往具有主觀性、經常是持續性的，並且和立即性
的處境息息相關。」（Harris, 2004: 117）

Harris 認為假設專業具有客觀性時，會使專業與表達主觀需求
的身心障礙者之間，形成一種階級的關係。需求會隨時間改變，有
些需求會被滿足，但新需求又出現，這時身心障礙者會被侷限在一
種服務使用者的角色上，必須仰賴專業的評估者。她的看法是想要
透過轉移評估的焦點，來實現社會模式。在她的研究中，評估者將
焦點放在身心障礙者期待從服務中得到的結果，而不是需求的規範
性觀點。因此，需求是自我定義的，也符合身心障礙者的期待，不
再是地方政府要扛下責任，要提供安全、舒適的服務，或者要在
「需求（needs）與需要（wants）」之間做個仲裁者。在此，CILs
也可以運用有經驗的身心障礙者熟悉這些議題或自我評估的過程，

提供同儕支持。

從社會模式觀點，評估應該具有充權的意義，這一點已非常清楚，並獲得許多支持，不僅讓身心障礙者能充分參與評估過程，也能表達出他們想要的結果。儘管這個模式仍有許多結構性的阻礙，但已能使實務者用更具參與性的方式工作。Morris（1997a, 2002）提出很好的建議，她最早提出個別實務工作者如要執行需求導向的評估，應具有什麼技能，此執行結果又能與獨立生活運動和溝通技巧相符。不過Ellis（1993）也指出在制度與態度上對於使用者參與仍有許多限制，專業人員也許覺得他們無能為力，但是他們仍有機會運用不同的模式來進行評估。他們是真正執行評估的人，也可以重新詮釋評估的結果，甚至與案主答辯。一個好的評估是可呈現出社工人員與身心障礙者之間的權力動態，這對於未來融入社會模式是很重要的。Thompson（1998）也提出一些給社會工作者的實務建議，讓他們能在壓迫的與充權的組織中進行評估。

Holdsworth（1991: 27）同時認為，評估的目的應與「充權的需求」配合：

對於肢體障礙者的社工充權模式，具備何種特性呢？它應該融入社會模式的意涵，同時了解身心障礙是一種被壓迫的概念，最重要的就是與案主站在一起，任何一個身心障礙者都可能處在有權力與沒有權力的連續光譜中，因此他們需要一些服務，滿足充權的需求。

雖然充權在評估及提供服務的過程中很重要，但這畢竟來自社

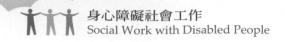

會模式觀點。近年來，「充權」一詞成為一個流行的詞彙，從中央到地方及社工專業人員都在談論，它也是公私部門機構改革中的重要組織原則（Baistow, 1995）。但這並不代表身心障礙者得到了好處，也不是社會工作者的恩賜。Freire（1972）認為，充權是沒有權力者從有權力的人手上奪得權力的過程，社會工作者和他們的機構以及政府組織都處在權力的位子上，如果他們要在身心障礙者充權的過程中發揮力量，就必須和身心障礙者成為盟友，並且準備放棄他們自己的權力，和身心障礙者分享。

評估應將身心障礙的個人或社會層面納入考量，並且能將二者關係處理妥當，因此必須要有能力及知識的專業人員與身心障礙者合作，才能確保將身心障礙者的期望、關心及目標納入考量。更重要的是，如果要將社會面向納入，社會工作者就必須自己跳下來，因為社會工作者關心的第三級介入，當涉及充權時，第三級介入就會是社會模式的初級介入。

第四節　其他社會服務

要能好好經營提供資金與服務的各種不同機構，對身心障礙者來說，真要有運籌帷幄的技術，像是健康服務、社會服務、居住的不同資金、就業支持與身心障礙者津貼，要交涉的機構數不清。這個問題長期存在，在 1960 年代後期的 Seebohm 報告中就要求應改善各種服務之間的協調。1990 年《全民健康服務與社區照顧法》，開始要求各機關之間需強制性的協調，衛生部也加入成為合作的一

員。許多指南與公告陸續發出，建議與指導社會服務、衛生與住宅當局如何確保有效合作。不過批評聲浪仍未停歇，如成人委員會（Adult Commission）就批評此舉並未打破合作與協調的藩籬，反而由於導入市場機制，在預算優先性與責任下，建立了更嚴密的界線。儘管實施二十年了，至今問題仍在，訴求合作的好處仍不斷見諸於政府社會政策的說明中（Department of Health, 2010b: 15）：

> 在改善使用服務者與其照顧者之結果的同時，顯示出衛生部與社會服務部門的合作，可以降低對兩種服務的需求，更有助於提升使用者長期的獨立性與福祉。例如投資於復健與中期照顧（intermediate care）[2] 可以預防再住院或轉到長期照顧，或降低持續性的居家照顧（home care），社會照顧介入可降低健康服務的需求，同樣的，健康服務的介入也可降低社會照顧服務的需求。

2010 年的改變意指地方政府在健康服務上要負擔起更多責任，而這以往是由初級照顧信託（Primary Care Trusts）負責的。透過這種改變，可以提高對身心障礙者支持服務的效率。此外另有正在試辦中的「有權控制」計畫（Right to Control）也可以簡化協調作業。

---

[2] 譯註：中期照顧指介於急性照顧與初級、社會照顧之間的照顧模式，主要係針對具有複雜照顧需求的長者，替代長期的住院治療。請參閱：陳亮恭、黃信彰（2007），〈中期照護：架構老年健康服務的關鍵〉，《台灣老年醫學雜誌》，3（1）。

一、以社區為基礎的服務

　　使用直接給付，但無意處理這麼多個人協助服務的身心障礙者，也許會偏好其他社區型服務，如居家照顧、專業支持（如職能治療）、設備調整、日間照顧、送餐或短期機構照顧等。這些都會由地方政府向第三部門購買服務。傳統上，志願部門對身心障礙者的服務，是從機構與日間服務開始，再延伸至志工服務，包括園藝、開車載送他們就醫等。不過這些比較鬆散的合作，自 1993 年開始，已轉變為正式的委託合約，它一直受到身心障礙者與 CILs 的批評，對這種提供福利的結構表示不滿（見 Campbell & Oliver, 1996，對此發展有完整說明）。

　　接受社區服務與各種支持服務的總人數是下降的，但全民健康服務資訊中心（NHS Information Centre, 2011a: 39）聲明，使用社區服務者從 2004/2005 年到 2009/2010 年的人數逐漸上升：

　　雖然資料顯示，接受社區為基礎的服務人數從 2008/2009 年的 154 萬人降低到 2009/2010 年的 146 萬人，降低了 5%。在接受社區基礎的服務者之中，有 65% 以上是 65 歲以上的老人。但委員會解釋，人數的下降都是技術性原因，如資料清理，以及因為採用新制後（包括自行決定支持服務與更廣泛運用經費補助需求較低者之服務），登錄系統的變動。預期明年也還會持續下降。

　　有關於需求較低者，大概都與實施公平服務（Fair Access to Services, FACS），產生資格緊縮有關，幾乎所有地方政府，都只對有迫切性（critical）或重要（substantial）需求的人提供服務，甚至有些地方將重要需求再分級，最後只提供服務給有高度重要需求的人。地方政府花費更多精力來審核人們需要的支持程度，一旦需求減緩改變，可能就會從被支持的名單中剔除，此一過程中難免都有疏漏，雖然由高度需求轉變為緩和需求是可能的，但也有人的狀況沒有改變，卻被取消資格。許多人一夕之間失去了接受服務的資格，唯有透過申訴，才能再獲得服務。這種方法已形成一個機制，由照顧基金審查（Care Funding Calculator）負責（iese, 2011, online），它們的目的是節省支出。另一方面，地方政府也會提高收費，使身心障礙者負擔不起，因此放棄使用該項服務（Clark, 2006）。

雖然接受社區基礎照顧的人數減少了，但整體的成人照顧支出卻增加，這表示支持服務套案的平均支出在增加，也表示他們有較高度的需求：

地方政府的成人社會服務總現金支出從 2008/2009 年的 161 億英磅增加到 2009/2010 年的 168 億英磅，現金增加了 5%，實質增加 3%。長期來看，則是自 2004/2005 年成長了 10%，如從 1999/2000 年至今十年間來看，更成長了 47%。（NHS Information Centre, 2011b: 4）

傳統上，行政部門的分工，代表不同群體的經費或服務，如老人、精神疾病者、學習障礙者、肢體或感官功能障礙者。而英國人

口結構的改變顯示，老人人口每年都在增加，而老人已成為主要的服務使用者，估計大約有 122 萬的使用者是 65 歲以上的長者，占 68%（NHS Information Centre, 2011a）。

實務上，有些人的個人支持照顧成本高於機構照顧時，可能就無法在家取得服務，許多身心障礙者擔心，會在違反他們意願的情況下，硬被送進機構。顯然態度的改變仍不足，因此尚無法對抗長期以來以發展機構解決照顧問題的傳統。

二、身心障礙者的機構服務：令人懷疑的服務

如前所述，邁向獨立生活的速度進展緩慢，從個人模式的觀點所規劃或提供的服務，都認為當一個人不再能像以往那樣生活時，不論家庭是否有危機、是否欠缺社區支持體系，或當事人有無更嚴重的失能，機構照顧都是最佳選擇。Dalley（1996）指出，機構照顧反映社會的意識型態，在什麼時候應該提供何種形式的照顧，不過這種意識型態似乎只對健康條件不佳者才選擇性的適用，因此最後的結果，必然是有特定失能問題與年老的身心障礙者最容易機構化。但 Dalley 認為，當前的潮流已轉向偏好留在家中，越來越多人了解身心障礙者最佳的住處，就是他所在的社區，即使是重度的障礙者也一樣。

雖然比起六十年前，身心障礙者已有比較多選擇，但從 1948 年以來，機構服務仍有大幅成長，當時全民健康服務接下了《濟貧法》以來的醫院或救濟院照顧長期病人的 55,000 張床（Barnes, 1991）。這數字到了二十世紀到達高峰，雖然後來有下降，但仍有 215,000 人住在住宿機構（NHS Information Centre, 2011a: 33）。對

於目前尚未住進機構的人來說，他們很擔心，如果有一天支持服務的成本高過了機構照顧，他們就得住進機構。過去數十年中，年輕的身心障礙者很少有住進機構的（NHS Information Centre, 2011a）。

住宿機構完全違反獨立生活，多年來備受批評，身心障礙者也擔心會不會因為個人助理的要求成本太高，會使他們最後只有住進機構的選擇。從社會模式的觀點來看，住宿機構絕對只會加重身心障礙者的失能情形。2008 年聯合國在《身心障礙者權利公約》（Convention on the Rights of People with Disabilities）中就支持獨立生活，其第十九條說明各國都應確保「身心障礙者有機會選擇居住的方式、地點以及和誰同住，而不強迫他們住進特定的安排」（United Nations, undated: 13）。

聯合國（United Nations, undated: 14）在上述公約第十四條亦說明，「剝奪自由應依法行事，而身心障礙絕不可成為剝奪人身自由的理由」。

雖然進入住宿機構並不像住進精神病院那樣具強制性，但如果是因為沒有其他選擇時，它就可能成為一種強迫性的選擇。

自從《收容所》（*Asylums*）[3]（Goffman, 1961）一書出版後，機構化的效果就一直爭論不休。Goffman 將這種在機構中喪失隱私、沒有選擇自由，且沒有機會發展有意義之個人關係的情形稱為「完全機構」（total institutions）。機構設計一套嚴謹的作息標準，每個人都得照章行事，而且一視同仁，沒有例外，結果產生一種症狀稱

---

[3] 譯註：請參閱中譯本《精神病院》，台北：群學出版社，2012。

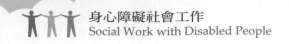
為「機構精神官能症」（institutional neurosis）：

> 這種病的特色是漠不關心、沒有精神，對任何事都提不起勁、
> 對於苛刻或不公平的事情沒有反應。對於未來沒有興趣，也沒
> 有計畫，他們的個人習慣、如廁及一般的標準都退化，沒有個
> 性，一切事情都逆來順受，認為事情不會改變。（Barton, 1959:
> 2）

　　至於機構化對於入住於機構之身心障礙者之影響的其他研究，
其措詞就沒有 Goffman 生動。Miller 與 Gwynne（1972）將住宿機構
以「倉庫」模式（warehousing model）稱之，他們指出，傳統養護
機構（如同 Goffman 的完全機構）中的人依賴、沒有個性，放任機
構操弄。他們看到「一位聰明的跛子……在機構中被迫過著呆板的
生活，沒有任何發展的機會」（Miller & Gwynne, 1972: 87）。

　　Miller 與 Gwynne（1972）區分「倉庫式」（warehousing）與
「園藝式」（horticultural）住宿機構照顧模式。倉庫模式立基於人
道關懷與醫療的價值，認為延長生命是好事，但卻未深究生命延長
的目的。醫療照顧的重點是縮小風險，主要目的在盡可能拉大社會
死亡（即身心障礙者進入機構）與生理死亡的差距；相反的，園藝
模式則強調每一個進住機構者的獨特性、個人責任的重要性，並了
解他們尚有未實現的野心及能力。

　　然而，Miller 與 Gwynne（1972）並不完全支持園藝模式，他們
認為過於關心獨立的價值會產生問題，而機構內案主與員工關係的
扭曲，反而使真實的狀況被忽略及變質。後續身心障礙的運動中，

Paul Hunt 與其他在 Le Court 機構的案主很快發現，不論養護之家的運作如何改變，但可以確定的是，隔離的過程將會延續社會死亡的歷程，唯有融入社區生活的選擇，才能真正對抗這個過程。身心障礙者必須在社區中找到獨立生活之路：

> 在英國，我們慣於提供有特殊境遇的人一種隔離的機構服務，即便是創傷後四肢不便的人也不例外，這是《濟貧法》時代以來的傳統，至今未變。只有極少數嚴重仰賴他人協助與支持的人，或者即便沒有家人的支持仍渴望獨立生活的人，才可能找到其他住宿或照顧的選擇。（Davis, 1981: 322）

　　許多對住宿照顧的批評多少都來自社會模式觀點，認為機構不僅未減緩問題，反而增加身心障礙者面對的問題。UPIAS（1976）更主張應該全面消除這些隔離式的機構：

> 本聯盟的最終目的，是希望每一位肢體障礙者都能選擇居住的方式，因此不論是政府或慈善組織設立的住宿機構都應慢慢淘汰。（UPIAS, 1975: 4）

　　社會模式已讓我們看到障礙是如何加諸於身體損傷者的身上，障礙的結果根本是社會組織的方式所造成。無疑的，住宿機構難辭其咎，其提供之服務根本就是錯誤的。

　　對於住宿機構中青壯身心障礙成人的研究不多，如果他們住進機構的情形和老人家一樣，那麼上面所說的恐懼擔心就不難理解

了。Booth（1992: 2）總結老年養護中心之研究指出：「許多人不是自己決定進住，甚至大多數人都是由其他人安排進住的；而且通常沒有經過討論，甚至在壓力下做了決定。」

持續使用機構照顧，也可能是由於個人經濟因素使然。Schorr（1992）指出，在英、美兩國，使用養護機構照顧與所得之間確實存在關聯性。除非老年人更有花錢的能力與本事，才可能使進入養護機構的人數降低，因此如果社區照顧要成功，那麼福利政策的改革就一定得包括所得維持及個人社會服務兩個內涵。這也是 1976 年身體損傷者反隔離聯盟（UPIAS）在身心障礙基本原則（Fundamental Principles of Disability）中的主張：

> 當然，我們的聯盟支持及極力爭取對身體損傷者的協助，我們的匱乏無庸置疑，需要立即的改革。但我們的目標是爭取「政府提供我們所需的財務……與其他協助，使我們能充分獨立過日常生活，更有行動力，能執行有生產力的工作，能自行決定要住在哪裡，可以自己選擇自己的生活」。（UPIAS, 1976: 15）

不過，老人們的經濟狀況並未改善，許多私人年金都減少，公共年金也很低，使老人的所得不足，這個趨勢對於未來住宿機構的發展有很重要影響。

Langan（1990）則指出，目前的社區照顧立法鼓勵獨立部門的擴張，會加速機構照顧成長，因為相較於其他選擇，它的利潤十分誘人。在二十一世紀更重視獨立部門，對身心障礙者來說，情勢更為險峻。「機構論壇」（The Residential Forum）是一個支持改善

「機構照顧」的組織，它們對於機構照顧部門仍保有正面態度，但即便如此，他們亦認為真的進入「照顧」並不見得就是最佳選擇，但是由於社區的支持仍十分欠缺（2010: online）：

- 有些具有身體與精神障礙的人會選擇住宿機構，是因為覺得自己是親友的負擔、自己身體狀況越來越糟、失去信心，感到孤單、焦慮、挫折或混亂。
- 有些人雖然不願進去機構，但最後不得不接受，也是因為覺得有人可以做伴。
- 有些人住進機構實在是因為沒有選擇，家庭與其他服務網絡已破碎，全民健康服務以及能讓人留在家中的社會服務不足，或來自親友的壓力使然。

「機構論壇」似乎認為社區支持不足是住進機構的最主要原因，就算人們並不想住進去也別無選擇。

如果我們用個人模式來思考如何提供個人支持服務，其結果必然是先問：「他們需要什麼？」答案就是食物、衣服、庇護場所和個人助理，將這些需求加總起來，那麼把他們聚集在機構似乎是很合理、可以一次滿足所需的方式，尤其在受到照顧產業的業者施壓之下。

社會工作者如果運用社會模式，要問的問題則是：什麼樣的硬體與社會環境讓人們無法在社區生活、無法過著獨立生活、實現他們的希望？而答案也會不同，可以是希望尋找適合的居住地，合理的所得使他們能吃得飽、穿得暖，有個人助理，以及能有社區支持等等。

章節回顧

- 身心障礙者運動的目的是要使他們能過著和一般人一樣的獨立生活，這和福利服務的公民權取向的訴求是有差異的。

- 傳統的福利提供包括住宿機構及許多半獨立式的選擇，但它們都無法提供獨立生活。

- 這些服務多半只能針對入住者的症狀，而無法針對原因，其實就是住宿服務本身造成了問題。

- 社會工作者首先應該了解獨立生活的意涵與意義，並應運用他們的技巧與角色，在福利體制中促成這個目標。

- 雖然多年來有許多種提供服務的模式，其中最關鍵的是應將獨立生活中個人助理服務的選擇權交給身心障礙者本人去決定。

- 在英國目前的福利市場結構，這意謂著應提供給身心障礙者財源去支應個人助理，才能讓他們自己決定怎麼做。

- 社會工作者一直以來承諾要反壓迫的實務與價值，但是負責審查這些行動的機構卻描述他們抱著一種「受限或施恩」的態度，不但不了解他們所做的，更糟的是，仍想保有控制身心障礙者所使用之服務的操控權力。

- 顯然，要保有自主性與公民權，都必須仰賴獨立生活的實踐。

 **反思練習**

▌習題 ❶ ▌

　　對很多身心障礙者而言，直接給付是邁向獨立選擇與控制的過程，不過有些人也害怕管理這些事。你認為這些人在管理這筆錢時，最擔心的是什麼，社會工作者應如何協助他們保有選擇與控制？

▌習題 ❷ ▌

　　許多社會服務部門都有提供喘息服務，也就是讓老人或身心障礙者暫時進入機構，以便讓照顧的家人得以休息，然而這種服務似乎意謂被照顧者是問題來源。

　　請你提出創意想法，如何替家中有：(1)老人；(2)學習障礙者；(3)肢體障礙者的家庭照顧者提供服務。請不要把人送進機構再用喘息服務來補充。

延伸閱讀

• Glasby, J., & Littlechild, R. (2009). *Direct payments and personal budgets: Putting personalisation into practice* (Bristol, The Policy Press).

本書探討直接給付如何進行，以及不良的社工實務產生了什麼問題。

• Morris, J. (1993). *Independent Lives: Community Care and Disabled People* (Basingstoke, Macmillan).

是一份針對身心障礙者可直接付費給個人助理對其個人生活影響之研究。

• Priestley, M. (1999). *Disability Politics and Community Care* (London, Jessica Kingsley).

研究身心障礙者組織如何改善社區照顧的品質。

• Centre for Independent Living, Berkley California, United States 成立於 1972 年，是全世界第一個獨立生活中心。從其網站就可了解若干差異，如美國慣於使用「有障礙的人」（people with disabilities）。其致力於打開社區的大門，使大家能充分參與。自設立起至今，都由身心障礙者經營管理，網址：http://www.cilberkeley.org/

• National Centre for Independent Living 是一個全國性組織，推動選擇、控制、權利與充分的經濟、社會與文化生活。自設立起至今，都由身心障礙者經營管理，網址：http://www.ncil.org.uk/

• Southampton Centre for Independent Living 成立於 1980 年代中期，為英國最早成立的獨立生活中心的一支，提供各種身心障礙者支持服務。自設立起至今，都由身心障礙者經營管理，網址：http://www.southamptoncil.co.uk/

第 5 章

獨立生活：社會政策與立法

　　前面幾章多半從個人協助的角度討論獨立生活，不論是身心障礙者本人、家庭（或非正式的）照顧者，或由地方政府的居家或機構照顧來辦理。不過，獨立生活絕不僅止於此，就如在第四章所提到獨立生活的十二項基本權利，其實還有很多內容待討論。為了充分考慮身心障礙者所處的廣大環境，應該需要更整體的觀點，因此本章將從立法與社會政策的角度來探討。

　　先前章節曾提到 2007 年訂定的一項重要的社會政策「人民優先」（Putting People First）；2011 年 4 月時，再提出「地方思維、個人行動」（Think Local, Act Personal），這是很重要的一步，因為此一政策採取了整體社區的觀點，並帶動地方政府的文化變革，使就業、教育、社區安全、資訊與建議等各領域都能融入身心障礙者的角色。透過早期介入，可以預防過度依賴社會照顧，同時增加選擇與控制。運用包容的整體社區觀點，可協助身心障礙者在地方社區中扮演更積極的角色，進而累積社會資本，也就是由於他們的參與、建立互惠關係與身為網絡的一份子，而感受到自己的價值（Think Local, Act Personal, 2011）。不過在「地方思維、個人行

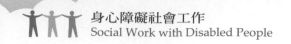
動」中運用整體系統的觀點，不如在「人民優先」政策中明顯，也因此使一些投注於社會系統結構的關注轉移了方向，未能注意到身心障礙者，甚至產生排除。

不論是特定的或一般的立法與社會政策，都很少考慮到障礙者，甚至完全誤解這些議題，使得處處都是障礙。有時候原本想來解決這些排除身心障礙者或對他們不利的立法措施，最後不僅未解決問題，還使問題愈加嚴重。先前章節已略為提及，本章則聚焦身心障礙者與社會之間的關係，並討論社會工作者可能介入的策略。

如果要一路追溯國家對身心障礙者的介入，當然可回溯到 1601 年甚至更早〔Borsay（2005）曾追溯到 1247 年〕，但是 1940 年代福利國家建立應該還是最重要的時間點。在那個時代以前，對身心障礙者的法定服務都是片片斷斷的，而且只對一些特定的障礙者或者只對致殘的原因過程有興趣。受到這種特定性的影響，現在政府的服務也都把身心障礙者視為一個單一的群體。就業是這些立法中主要的焦點，也顯示出將就業視為確保融入主流社會的重要管道。

第一節　就業

就業是社會組成的重要方式，但是一般社會都認為身心障礙者是「依賴的」，受到身體功能的限制而無法工作：

> 「身心障礙」一詞被指涉為「無法工作」與無法賺錢，身心障礙者普遍被認為無法持家，也不是適合的戀愛伴侶。（Finkels-

tein, 1991: 29）

不過，社會模式觀點則關注到現代社會中，工作組織的方式：

工作的世界（建築、工廠、機器、過程與工作、實習、規則，
甚至是社會階層等）都是為正常人所設計，為的是獲取最大利
潤。大規模工業的成長，都將身心障礙者孤立或排除於生產過
程之外，整個社會都是以工作為中心。（Swain, 1981: 11-12）

後來的資本主義社會更是如此，人們的價值與社會地位都是用
就業來判斷。Roulstone 與 Warren（2006: 117）用社會模式的角度，
以所謂的障礙觀點（barriers approach）來解釋就業：

目前有關身心障礙者在勞動市場要擔任有酬工作時面對的障
礙，大部分都是談論內部組織的、硬體與態度方面的阻礙，如
何限制了身心障礙者的就業與生涯發展。

對一般人來說，就業是很重要、甚至是唯一的所得來源，它提
供生活的目標，也是身分與地位的一部分。因此無法就業，或被認
定為不能工作，對身心障礙者絕對有非常不利的影響。

一、1944 年《身心障礙者（就業）法》

第一個將身心障礙者視為一個獨立群體的國會立法即為 1944 年
《身心障礙者（就業）法》〔Disabled Persons (Employment) Act〕。

它是就業復健與職業重建服務的基礎。除了由社會服務與衛生部門開設的許多日間照顧中心及成人訓練中心（Adult Training Centres）外，就業部（Department of Employment）在 1980 年代最多曾開設 27 個復健中心（rehabilitation centres）。1944 年的立法也賦予身心障礙者工作權，要求僱用員工人數在 20 個人以上的雇主，應僱用 3%的身心障礙者，不過這個要求並未落實，身心障礙者仍比非身心障礙者的失業情形嚴重。

二、1995 年與 2005 年《身心障礙歧視防制法》；2010 年《平等法》

1944 年的立法已在 1995 年被《身心障礙歧視防制法》（Disability Discrimination Act）的第二部分所取代，取消了前述的定額僱用制度與身心障礙者登記制度，後者對於判定職場中的就業歧視很重要。雖然沒有登記制度，但一般概念仍認為身心障礙者仍要登記。從 1996 年 12 月起，企業組織如果因為員工身心障礙的情形，而採取較不利的待遇時，就構成違法行為；另自 1999 年 10 月起，雇主應對身心障礙員工提供合理的工作調整，例如提供額外協助、調整組織內的工作及其提供消費者服務的方式，甚至從 2004 年起，更應調整硬體環境以便身心障礙者無礙的使用。這裡所指的服務包括社會工作與社會照顧服務，另外公部門有責任促進身心障礙者的平等，不只是被動的接受身心障礙者的要求，政府應重視其行動的效果，並避免造成障礙的環境。

2010 年的《平等法》（Equality Act）又取代了《身心障礙歧視防制法》，但要求的內容未變，不過執行面仍有問題，因為它仍依

賴個人提出對雇主或潛在雇主的申訴。

儘管有這麼多措施，但統計數字似乎停滯在十年前。工作年齡層的身心障礙者中只有 40%在工作，25%希望去工作，另外 35%不想工作或無法工作。在 25 歲以上到退休年齡者當中未就業的人，幾乎有一半是身心障礙者（The Poverty Site, 2011: online）。

勞動力調查（Labour Force survey）（Palmer, 2011: online）的資料進一步顯示，身心障礙的因素比性別、單親更容易影響就業。在 2010 年：

- 非身心障礙者與非單親者的工作率（work rate），女性為 80%、男性為 90%；但身心障礙者、非單親者的工作率，不論男性、女性都只有 40%。
- 單親會降低女性的就業率約 15%（從 80%降低到 65%），但身心障礙的身分對女性單親與女性非單親者就業之影響，會降低 35 個百分點（從 65%降到 30%）與 40 個百分點（從 80%降到 40%）。
- 在每一種資格上，年齡在 25 到 49 歲之間有工作限制但想工作之障礙者的比例，都比非身心障礙者高。

失業是身心障礙者最大的問題，即使找到工作，也都是低技術性的工作，且薪水比一般人少。在《提升身心障礙者生活機會》的報告中指出了就業的重要性（Prime Minister's Strategy Unit, 2005），就如以前所說福利服務對協助身心障礙者的重要性一樣。在 2006 年的《我的健康、我的照顧、我的權利白皮書》（*White Paper, Our Health Our Care Our Say*）中，也將一般科醫師（GPs）的

角色納入提供服務（Department of Health, 2006: 29）。

雖然社會工作者常質疑社會工作的任務是否包括緩和這些問題，不過如果就業確實是身心障礙者迫切的問題，那麼社會工作者就應該扮演更積極的角色。這個角色在 1998 年的「現代化社會服務」（Modernising Social Services）中列為第三項全國性目標。社會工作者在服務失業的身心障礙者時，應了解有什麼服務及支持可協助他們找到工作，包括為他們連結求職機構，例如年輕人的服務就應連結聯網機構（Connexions），它們可提供就業資訊與建議。就業中心（Job Centre Plus）也會協助求職困難的身心障礙者找工作，提供職訓來提升技能與提供實際支持。不過，如果社會工作者能用倡導的角色來服務，而不是只連結其他機構找工作而已，那麼服務的效果應能再提升。

當然，這種工作的預算優先性很低，社會工作者應該要有點創意與務實的協助，確保他們自己的雇主符合法定責任，才能同時對未符責任的雇主產生壓力。可以做的包括要避免機構自己變成障礙的環境，讓身心障礙者無法有效獲得及保有工作，社會工作者也應該在自己的機構倡導更佳的實務，不是把身心障礙者當成依賴的案主，而應視他們為有潛力的就業者。

三、所得

身心障礙者被排除於勞動力之外，對他們的所得必有影響。身心障礙者運動對於自 1970 年代以來的福利津貼有許多討論與異議，失能所得小組（Disablement Income Group）與身心障礙聯盟（Disability Alliance）提出一些建議案，指出身心障礙者之所以被排除，

是因為缺少全國性的身心障礙所得保障。UPIAS 認為貧窮只是身心
障礙者受到壓迫的表象，並不是原因，因此只著眼於這個外顯症狀
並不適當，而應針對其他真正的成因。UPIAS（1976: 3）提出三個
非常基本的原則：

身心障礙是一個社會現象，是社會條件造成，當然也要去除這
些條件才能消弭問題：

(1) 所得、行動能力及制度都不是單一存在的。

(2) 身心障礙者在其他人的協助及建議下，有能力主導自己的生
活。

(3) 任何想要協助的專業人員或專家，都應致力於增進身心障礙
者的自主能力。

不過身心障礙者的所得仍然比一般人低，對這個問題該如何解
決，也一直有許多討論。

在本書撰寫的 2011 年期間，福利津貼制度正進行大翻修，一份
《福利改革法案》（Welfare Reform Bill）送進國會，政府更強烈的
提出他們希望達成的目標。不過，這個法案的方向仍在於如何降低
給付支出，讓個人對貧窮負擔更多責任。

上述《福利改革法案》的主要內容如下（Department for Work
and Pensions, 2011: online）：

• 實施統合式補貼（Universal Credit）[1]，形成單一簡化的津
貼，保證有工作就有報酬。

- 對於經常出現詐欺或錯誤者，施以更嚴厲的處罰。
- 發展申請者承諾，證明申請人真正期待的事，以使最需要的人得到應有的保障。
- 改革身心障礙生活津貼（Disability Living Allowance），運用個人獨立給付（Personal Independence Payment）以符合身障者的需求。
- 針對住宅津貼（Housing Benefit），建立更公平的機制，使市場更穩定，同時也提高工作誘因。
- 藉由賦予地方政府更多的權力，降低對社會基金（Social Fund）濫用的情形。
- 改革就業與支持津貼（Employment and Support Allowance），使其更公平，確保最需要的人獲得協助。
- 改革新的兒童支持系統，並以兒童利益為最優先考量。

　　此觀點引起身心障礙人士許多疑慮，他們擔心會失去用來支應因傷殘所需開銷的財源。對於正在領取身心障礙生活津貼的人來說，有沒有工作的差別會很大。

　　由於這些財務津貼的業務都歸屬工作與年金部（Department for Work and Pensions, DWP）主管，社會工作者似不宜再介入。不過有兩個論點仍帶來契機：工作與年金部並不能確保身心障礙者一定可以取得福利資格，此外，身心障礙者主要的問題還是貧窮。社會工

1　譯註：統合式補貼（Universal Credit）請參考行政院經濟建設委員會網站文章「英國財政危機下之福利改革對我國的啟示」（http://www.cepd. gov.tw/m1.aspx? sNo=0014485）。

作者不可能置身事外，什麼也不做。不論是個別性的福利權利建議，還是發展福利權利的計畫，都是社會工作者的任務。參與爭取身心障礙者的所得保障，不只是一種專業責任，也是個人的與政治的責任。雖然社會工作者會在閒暇時參與一些組織，但要積極投入身心障礙者的政治行動，仍可能被視為是超越其專業職責。當然這種角色是很為難的，社會工作者如視而不見，很可能等於支持既得利益者，通常也就是支持現有的政策，讓身心障礙者身陷貧窮無法脫身。

　　當社會工作者服務貧窮的身心障礙者時，就必須採取立即的行動，而社會工作者過去在協助案主爭取福利時，有極佳的倡導效果。為了減少貧窮、降低經濟上的障礙，協助他們取得所有的福利給付是當務之急。有時社會工作者會有一些迷思，比如「如果你還能工作，那必定不符合取得護理服務的資格」，或者「如果你還能走，那就不符合行動受限的條件」等。為了確保身心障礙者都能獲得他們應申請到的津貼，社會工作者要隨時注意更新資訊，人手一本《身心障礙權利手冊》（*Disability Rights Handbook*）（每年由身心障礙聯盟出版），它提供身心障礙者和社會工作者最快、最完整的資訊。同時透過上網查詢資料，可以獲得最新訊息，特別是有關法院的一些案例，可以了解有什麼樣的申請案件被駁回。

　　如果需要更多專家協助，身心障礙聯盟或其他地方性組織，如身心障礙者資訊顧問專線（Disability Information and Advice Line, DIAL）都可提供協助，包括提供資訊以及必要時代表提出申訴。許多地方政府都有擴大福利津貼使用的工作小組，不過他們只負責需要身心障礙者付費的那類服務，因為公部門可以從收費中獲得部分

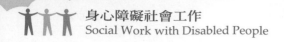

收益。如果地方上沒有適合的資源，社會工作者應和身心障礙者一起發展權利方案，運用福利權利專家，協助評估特定地區與日間中心的身心障礙者是否獲得他們應有的權利。更長期的解決方案，包括和已成立的身心障礙組織，如獨立生活中心（CILs）及使用者導向的組織（參閱第四章）一起合作。

第二節　平等與人權

一、從反歧視到平等

從二十世紀末到二十一世紀初，福利制度的改變反映出權利與公民權概念的改變。身心障礙社會模式的影響，也獲得官方的正視：

> 在身心障礙的領域，社會模式的發展已改變人們對身心障礙者平等的概念。漸漸的，人們了解到身心障礙者所遭遇到的劣勢，並非來自他們的身體損傷，而大多來自社會製造的障礙，如硬體環境不良、文化與態度的障礙等。因此集體努力會從專注於個人特定的障礙，轉向移除身心障礙者每天生活所面對的障礙。（Philips, 2007: 34）

1995 年的《身心障礙歧視防制法》，反映出官方第一次正視身心障礙者遭遇到的歧視問題，但它仍令身心障礙者失望。其中最主

要的問題就是對於身心障礙的定義是立基於個人模式。另一個問題在於「合理」的差別待遇，就視為正當有理，這使得歧視變得理所當然。後者在 2005 年的修法中已經刪除，要求公部門，包括法定社會服務，都要促進身心障礙者的平等。這個精神已納入 2010 年的《平等法》，取代了前述 1995 與 2005 年的立法。

1995 年的《身心障礙歧視防制法》對身心障礙的定義，係指當事人有心智或身體上的障礙，以至於難以完成日常生活的活動，而難以完成的困難必須是重大且長期的，也就是說至少持續一年以上。不過，有一些醫學上的情形，被認定並不影響生活的活動。由於該立法賦予人們一定的權利，因此界定一個人是否為身心障礙者，成為第一個門檻，才能再續評估其行為是否受到該立法所保障（Gooding, 2003）。雖然有越來越多醫學上的情形，已被納入算是影響生活活動，但身心障礙者的定義仍是基於個人模式，這使許多雇主名正言順的主張某些人不算是身心障礙者。

2010 年的《平等法》包含九個應受保障的特質，有些是普遍適用的，如性別、年齡與種族。有些特質則非普遍適用，例如「障礙」（disability），只適用於身心障礙者。政府有責任更清楚釐清各種受保障特質的要件為何。對身心障礙者而言，這代表所有的公部門，包括地方政府都是這用於身心障礙者應著眼於結果，預估有哪些要件，並採取行動促使身心障礙者與非身心障礙者之間的平等。

這項立法有助於解釋應如何提升平等（Equality and Human Rights Commission, 2010: 5）：

- 去除或縮小人們因為具受保障之特質，所遭受到的劣勢。
- 採取步驟以滿足受保障特質者之需求，肯定他們有不同於其他人的需求。
- 鼓勵這些具保障特質者參與公共生活或其他活動，因為他們的參與一般來說都太少了。

這項立法傳達了如要符合不同的需求，應該要考量身心障礙者的情形，並採取行動。

二、《歐洲公約》與 1998 年《人權法》

英國在 1998 年的《人權法》（Human Rights Act）及 2000 年的國內立法都已包括《歐洲人權公約》（ECHR）內容，它賦予公部門責任，這包括許多社會工作者的雇主。這表示人們如有人權方面的案件，符合《歐洲人權公約》時，可以不用去歐洲法院，而能在英國法院處理。

在此公約下，人們有基本權利與自由，有些特別是針對接受服務的身心障礙者，例如應有權有隱私的生活、有自己的住所、有權結婚及擁有家庭生活。《歐洲公約》（European Convention）第八條指隱私生活的權利，與身心障礙者特別相關，有些案例也援引《人權法》，如 Rachel Gunter v South Western Staffordshire Primary Care Trust 一案（2005）：

一位身心障礙女士需要 24 小時全天照顧，她希望可以申請延伸照顧套案，在家接受照顧並和家人共處。不過她的地方初級照

顧信託（Primary Care Trust, PCT）卻要將她移送到機構接受照顧，理由是居家照顧成本太高。高等法院認為PCT沒有考慮到這種安排對當事人家庭生活的影響，忽略了她在家可以改善生活品質，或者是她自己的意願。PCT因此必須重新決定，尊重當事人的權利並考慮到她的家庭生活。（Equality and Human Rights Commission, 2011: online）

身心障礙者為了擁有獨立的生活所接受的支持，使他們必須經常遇上許多專業人員。在接受高密度的支持服務下，要維持親密關係、友誼與家庭生活是非常困難之事，但是如果能在家庭中進行會遠比在機構或護理之家來得更為有效。

另一個例子中，Bernard女士有行動不便的問題，但她居住的地方卻不方便。經過地方政府社會服務部門的評估，她需要更合宜的居住空間，但政府卻無法提供，她因此訴諸於《人權法》：

依據第八條，政府應採取積極行動，包括提供適當調整的住宅（如使她能更便利行動及照顧孩子），使她及家庭能享有家庭生活。法院指出適當調整的住宅不僅可促進家庭生活，也可確保她「身體與心理的整合」，這是第八條所保障的權利（家庭與隱私生活的權利）。法院說明，「簡而言之，這就是維繫她人性的尊嚴」，同時她適用人權法，而獲得一萬英磅的補償。（British Institute of Human Rights, 2011: online）

這些例子顯示社會工作者的重要性，可以確保身心障礙者能同

時享有一般人認為理所當然的基本人權。Clements 與 Read（2003）認為《人權法》要能落實，絕不是只用一張檢核表以最低標準檢視，而是實務工作者與其雇主應掌握住公約的精神，提供最好的服務。

三、聯合國《身心障礙者權利公約》

2006 年聯合國通過了一個重要的里程碑公約，那就是聯合國《身心障礙者權利公約》（Convention on the Rights of Persons with Disabilities, CRPD）。本書撰寫時，已有 99 個國家簽署認可，在 192 個會員國中，包括英國在內的 147 個國家都已簽署（http://treaties.un.org）。CRPD 包含成人與兒童，保障所有身心障礙者的平等權，並應免於歧視。它確保身心障礙者進入建物的權利、接受教育與就業，以及參與政治、文化與社會生活的權利。同時它也確保所有人在法律前應有的權利，以及獲得公平正義與免於被虐待。此外，聯合國也認可身心障礙者應有獨立生活及擁有最適生活標準的權利：

> 發表這些特定權利受到保障固然重要，但更重要的是這個公約背後的價值。這份公約代表一個典範的移轉，從醫療模式將身心障礙者視為病人、需要治療，轉變為人權模式，視身心障礙者具有權利、是社會的一份子，他們是受到社會硬體及態度上的阻礙而成為障礙者，被社會所排除及標籤化，這都不是因為自己身體或心智上的受損或障礙。（Kanter, 2007: 291）

由於有了 CRPD，2008 年聯合國人權委員會下的特別書記提交了一份名為《折磨、殘忍、不人道、貶抑的待遇與處罰》（*Torture and Other Cruel, Inhuman or Degrading Treatment or Punishment*）的報告給大會，記載了身心障礙者全面性的生活處境。在這份報告中，Nowak（2008: 8-9）表達對身心障礙者的關心：

身心障礙者經常被社會隔離於機構中，包括監獄、社會照顧中心、孤兒院與精神疾病機構。他們的自由長期被剝奪，有時幾乎是一生的經驗，有時完全違背他們的意願，根本完全沒有經過他們的同意。在這些機構中，身心障礙者經常受到無以言喻的屈辱、忽視、嚴重的限制與孤立，以及身心與性暴力對待。缺乏合理的居所，在暫時收容的機構中，也增加他們暴露於忽視、暴力、虐待、折磨與不當對待的風險。

社會工作者應充分了解聯合國對於這些機構的關注點，這些地方可能是身心障礙者每天生活的環境。這種隔離經常被包裝成慈善、保護，以及照顧者喘息所必需的。然而，如同 CRPD 所澄清的，身心障礙者有權獲得資源以擁有獨立生活。在已開發國家如英國，我們沒有任何經濟上的藉口否定他們應有的權利，CRPD 讓社會工作者可以在社會模式之下，加強爭取預算以提供身心障礙者獨立生活的機會。

第三節　住宅

要擁有獨立的生活，必然需要一個可以充分自由行動的居所，然而要找到一個合宜的住宅，對許多身心障礙者而言，還是相當困難的（Hemingway, 2011; P. Thomas, 2004）。許多與社會部門有關的住宅研究，仍很少提到住宅擁有者的職業。至今仍有一個概念，住宅（也就是「一般」住宅），尤其是可及的住宅，應是人們去適應它們，不論它是在設計時就具備可及性，還是它是被改裝的。這是一種源自「特殊需求」的概念，也就是把身心障礙者視為「特例」，而不是主流（BCODP, 1987; MacFarlane & Laurie, 1996; Stewart et al., 1999）。

同樣的，要改造房子也是問題多多。許多房子要改造所費不貲。要申請身心障礙者設備補助也不容易，許多資料顯示審查人員都是用很主觀的標準，使得申請及通過難上加難（Sapey, 1995; Thomas & Ormerod, 2005）。

建商依法只需在展售屋提供身心障礙人士可進出的設施，但不必考慮他們未來能不能住在這種房子。建商甚至連最基本可及的設備都不願投入（Imrie, 2003）。

為建屋設立標準，讓房屋易於改裝，以因應需求而改變，這就是「終生住宅標準」（Lifetime Home Standards），已經實施十年了，並已應用於社會住宅（Social Housing），但私人建商仍強力抵制。廣泛使用終生住宅標準可以降低「特殊需求」的思維，並節省

大筆改裝費用，因為改裝會更容易且更便宜。

支持人民計畫

支持人民計畫（Supporting People programme）始於 2003 年 4 月，它屬於社會部門，提供與住宅相關的支持，資金則來自中央政府對地方的補助，不過其用途不再受限，因此地方政府必須再找其他財源來因應這些支出。

在 1990 年代晚期，原運用住宅津貼支付租金項目以外的支出之方式，受到立法上的重新檢視，許多各種人可運用的庇護與支持性住宅計畫，都包含支持租屋成本。在 1998 年完整的支持人民計畫實施前，地方政府的社會部門與住宅部門是協力合作，共同提供服務。實務上，在支持住屋計畫中，人們會用住宅津貼支付租金，再由支持人民計畫去支付照顧的費用，當然二者都要經過資產調查。

不過，Watson 等人（2003）強調政府似乎想利用這個機會，增加對邊緣群體更多及更有效的服務。然而由於服務的資金短缺、任期的問題，以及到目前為止仍無法有效觸及這些邊緣群體，都會使這個理想受挫。但如前所述，目前居住在機構或護理之家的老人人數有減少，這可能顯示地方的支持人民計畫提供社會性的租屋支持可能有一些成效。

第四節　身心障礙兒童與教育

一、1989 年與 2004 年《兒童法》

　　身心障礙兒童的服務法源來自 1989 年的《兒童法》（Children Act），雖然本法中仍延用 1948 年《全民救助法》中的定義，但至少兒童不再受限於 1970 年立法中的服務項目，他們可以期望：

　　每個地方政府都應提供服務以：

● 縮小各領域對身心障礙兒童的限制。

● 給予身心障礙兒童機會，使他們盡可能過著正常的生活。

　（Children Act, 1989; Schedule 2, Part 1, Section 6）

　　儘管使用「正常」（normal）一詞，顯然是受到身心障礙個人模式的影響，但在《兒童法》規範下，的確有機會提供創新的服務，並能去除造成障礙的社會阻礙。《兒童法》能將身心障礙兒童納入服務對象，至少可以保證他們與其他兒童之間不會有差別待遇；但困難的是，社會服務並不提供給所有的孩童，因此也影響了他們對「正常」的概念。這導致將身心障礙者服務的責任，由身心障礙的服務團隊，移轉到主要從事兒童保護的團隊身上，反而使身心障礙服務的議題被邊緣化。Middleton（1995）則指出，獨立的衛生部搞出一套對身心障礙兒童的服務指南，把事情越弄越糟，使得

對身心障礙兒童服務不甚有興趣的社會工作者，更可置身事外。管
理者以及實際執行者如果要致力於斬除造成障礙的社會阻礙，並促
進融合的服務，便應嚴肅看待對身心障礙孩童的法定責任（Middl-
eton, 1997）。這些服務的邊緣化是具壓迫性的，也是造成更多身心
障礙兒童處處有礙的過程，而這卻都是《兒童法》企圖減少的問
題。

　　近來有一個計畫用以改善身心障礙兒童的處境，那就是 2007 年
5 月由教育部開始的「關注身心障礙兒童」（Aiming High for Disa-
bled Children, AHDC），它有三個優先領域，第一是取得與充權，
第二是具回應力的服務與及時支持，二者都與「地方思維、個人行
動」的原則類似。將選擇與控制權交給身心障礙兒童，是一種文化
的改變，它必須同時要改變主流服務，使其更具包容性。第三個優
先領域是提升品質與能力，則必須要改變休閒服務與青年服務，因
為獲得短暫休息是家長優先的考量（Department for Education,
2011b）。雖然我們並不知道兒童和青少年怎麼看待，由 Thomas 與
Clark（2010b）進行的一項小型計畫顯示，他們並不需要傳統的短
期休假設施，而仍會使用主流的設施。政府同時提供短期休息的特
定經費以及直接給付的選擇，意味著家庭不會想使用傳統設施，而
會選擇一般人休假會去的地方。

　　在 2010 年有 21%（約 160 萬）的小學生被評為有特殊教育需
求（Special Education Needs, SEN），比 2006 年的 19%（約 153
萬）多。並非所有人都表達有特殊教育的需求，數據也從 2006 年的
236,750 人下降到 2010 年的 220,890 人（Department for Education,
2010a: 5）。許多有特教需求的兒童是自閉症、輕度的學習障礙，或

被認為有行為或溝通上的問題，只有20%有肢體或感官的障礙（Department for Education, 2010a: 13）。

二、1944年《教育法》

1944年的《教育法》（Education Act）賦予地方政府提供所有五歲到十五歲兒童教育服務，同時「確保所有身心障礙學生，不論是在特殊學校或其他地方，都能獲得特殊教育服務」。

這項立法對於身心障礙兒童與家庭十分重要，因為它提供受教育的法定權利，遺憾的是，最後仍是要由政府及專業人員來決定到底要提供什麼內容的教育。立法同時要求政府應了解該轄區內應接受特教的兒童人數。2008年的《特教需求（資訊）法》〔Special Educational Needs (Information) Act〕要求部長應公布英國兒童對特教需求的資訊，以改善他們的福祉。

更遺憾的是，政府選擇將有特殊需求的身心障礙學生，放在隔離的環境中提供服務。儘管多年來對特殊教育的批評不斷，不論是未能提供與一般學校相同、妥適與相容的教育內容，還是將特殊學生隔離的做法，但是直到1980年代中期為止，特教學校學生人數仍持續穩定成長，甚至比六十年前還多。

1978年的Warnock報告書，提出了許多建議，包括用更廣義的「特殊教育需求」概念，政府並在1980年提出了一份白皮書《特殊需求的教育》（*Special Needs in Education*），不論是Warnock報告書、白皮書及後續1981年的《教育法》，都支持融合的理念，但是沒有其他的資源相應而生來支持這個想法；此外，1981年的立法雖未改變父母及身心障礙學生的法定權利，但也仍維持由地方政府來

決定提供何種教育服務。

三、1993 年《教育法》

1993 年的《教育法》有了改變，政府必須接受家長對入學的意見，但是當政府部門認為家長的意見與孩子的特殊教育需求不符，或者與其他兒童的教育或其資源的使用有不相容之處時，最後的決定權仍在政府手上（Braye & Preston-Shoot, 1997）。這是個人模式的充分表現，儼然把身心障礙的孩子視為一個問題，把他們排除在主流之外就可解決，並且對於教育中可改變的環境畫地自限。

這對於未來特教學校的發展任務有很重要的意義，Tomlinson 表示，對於身心障礙兒童提供什麼服務最好，不僅只是一種基於人道主義的理想，同時也要「兼顧滿足一般學校的需求，以及更廣大工業社會及特教專業人員的利益」（Tomlinson, 1982: 57）。事實上，在 1997 年 10 月全國教育與就業部部長 David Blunkett 草擬《給孩子最好的》（*Excellence for all Children*）白皮書時，就明確地反對隔離式的教育，並主張應減少特教學校的學生；然而出乎意料的，最先反彈的竟是全國校長協會（National Association of Schoolmasters）及女性教師聯盟（Union of Women Teachers），他們揚言如果融合過頭了，不惜罷教。很難想像這種反彈曾經衝著性別、宗教、種族或其他特徵的兒童而來，如今卻對著身心障礙者而來。雖然種族與性別差別待遇法也適用於教育，但教育的問題卻完全被 1995 年的《身心障礙歧視防制法》所排除在外。

四、2001 年《特殊教育需求與身心障礙者法》

2001 年《特殊教育需求與身心障礙者法》（Special Educational Needs and Disability Act）修正了 1995 年的《身心障礙歧視防制法》，明訂「所有學校不得歧視身心障礙兒童，包括入學安排、教育，以及由學校提供的相關服務，也不得將他們排除在學校之外」（Department for Education and Skills, 2001: v）。

這個改變是朝向教育的融合觀點，所有的學校都應該是可及的資源，預期各種障礙應會去除，而所有兒童都能依家庭所願選擇學校。

這看起來與社會工作好像沒什麼關聯，但是越來越多家長希望他們的孩子可以進入一般學校，這顯然與既存利益有衝突，所以 Tomlinson（1982）指出，這些家長是需要協助的。Mortier 等人（2011: 218）亦從歐洲觀點評論：

> 兒童應該有機會從單純接受支持的角色，進展成支持的一個動能。學習如何及被允許取得直接支持，對於他們的生活品質、童年時期乃至成人時期的自決都是很重要的。這需要一些平衡的行動與否決的空間，能重新定義什麼是適合兒童決定的事，什麼又是家長為了兒童的教育所應為的決定。

家長和兒童也許都需要他人為他們代言倡導，說明某些安排不論從教育或社會層面，都不是孩子的最佳利益所在，未來在他發展的過程中，家庭生活、與同儕及社區生活的連結都會被剝奪。兒童

或年輕人的聲音都太常被忽略（Gibson, 2006）。社會工作者一般自孩子出生後，就會和他們的家庭有固定的接觸，因此被認為是協助家長與教育部門協調的最佳人選。但是現在他們似乎不太願意擔任這個倡導者的角色，更別提去質疑在地方政府工作的同業。

從 1970 年代以來，許多受到隔離式教育而生存下來的身心障礙者，都投入了融合教育的運動。大部分人都了解信仰或種族的隔離都不利於未來融合，但是身心障礙兒童或青年的經驗卻經常被排除在非身心障礙兒童之外，反之亦然。非身心障礙兒童未來長大成人，也將身心障礙者看成化外之民，認為排除他們是很正常的。當然這方面也有一些進展，主流學校也漸漸歡迎身心障礙者，但並非所有學校都願意提供這些支持（O'Connell, 2005）。

五、2011 年綠皮書《支持與期望》

長期以來，許多家長一再爭取能使他們的孩子可以融入主流教育的社會權，但要使孩子們得到適當的支持，而獲得融合教育的這場仗十分艱巨。許多家長最後放棄，這也不令人意外，他們最終認為隔離教育可能容易點。身心障礙兒童的家長和任何家長一樣，認為身心障礙個人模式是理所當然的，因而接受隔離教育可能是最好的安排。Runswick Cole（2008: 179）發現：

社會模式的分析指出，接受個人或醫療模式的家長可能會選擇特殊學校，而比較注意到學習上的障礙（而非兒童本身的障礙）的家長會選擇主流學校，至少在孩子接受教育的一開始是這樣的。

她再提到邁向融合之路布滿荊棘，尤其是在 2011 年，許多家長努力奮鬥了四十年，但其他既得利益者卻又跳出來（Department for Education, 2011a）。政府看到家長的努力與困難，終於在 2011 年發表了綠皮書《支持與期望：特教需求與身心障礙的新取向》（*Support and Aspiration: A New Approach to Special Educational Needs and Disability*）（Department for Education, 2011a: 51）：

> 許多家長反映在現實中他們沒有選擇，因為他們不清楚到底有什麼選項，他們所在的地方，並沒有足以提供妥適支持的主流學校，或者地方上也欠缺足夠的特教學校。

不但未改善主流學校，反而退步回隔離並說融合是不對的：

> 應該給家長真正的選擇，因此我們承諾要去除任何影響家長選擇、妨礙融合的障礙，也避免特教學校突然關閉。我們相信家長的選擇應來自多樣性與動態的學校制度，能提供高品質的服務，有自主性與彈性，有效的回應家長的選擇。家長在公立學校能夠充分表達他們的偏好，並應有足夠的資訊提供家長做選擇。（Department for Education, 2011a: 51）

不過，綠皮書並沒有擊中要點，未來會如何詮釋還有待觀察。

- 到了 2014 年，家長可以獲得個人化的經費，使他們可以選擇兒童的支持，並以經過訓練的工作者協助他們協調各種不同

的服務。

- 家長可取得透明的資訊，了解支持兒童需求的經費如何運用。

- 家長能獲得短期喘息服務，暫時不照顧孩子，但孩子仍可和同儕一同活動。

- 家長有選擇學校的權利。

- 當家長與地方政府意見不一時，都能先協商，盡量在不敵對的狀態下解決問題，而不必立即訴諸裁決。（Department for Education, 2011a: 41-2）

身心障礙兒童的家長不必然了解隔離的長期意涵為何，也可能覺得使孩子遠離主流，可以使他們鬆一口氣。但孩子卻因此失去學習在主流世界生活的機會，包括所需的社會技能、建立社會網絡與社會資本。

身心障礙青年從學校進入成人的階段稱為轉銜，長期在教育體系為孩子奮戰的家長會發現進入成人期，一切變得更加困難，尤其是孩子原本沒有在主流學校，如今面對未來更是沒有準備。原本在特教學校的身心障礙青少年會發現難以發展社會技巧與所需的網絡，因而繼續保持與他人生活的距離。

第五節　身心障礙者的權利：未來展望

不可否認的，身心障礙者在當今是有一些權利：在就業上不受

歧視、在教育一開始就能立基於需求，以及有許多津貼與服務。但也很清楚的是許多身心障礙者並無法獲得他們的權利，長期以來也有許多爭論在於應如何確保他們的最佳權利，這些辯論可歸類為「說服或強制」或「棍棒與胡蘿蔔」（有軟硬兼施之意）（M. Oliver, 1982）。說服觀點認為對身心障礙者的歧視源自於負面態度或未能了解他們的特殊需求，因此應提供更多資訊、公共教育與研究。

持強制觀點者則建議應有更強的立法措施，只有這樣，身心障礙者才能得到他們的權利。不過這個觀點仍有三個問題，三十年前就提到了：

(1)即便立法通過，也不會落實，1944 年的《身心障礙者（就業）法》就是一個例子。

(2)即便立法通過並實施，也無法終結歧視，《同工同酬法》（Equal Pay Act）與《種族關係法》（Race Relations Act）即為例子。

(3)這些立法都是為了特定的專業階級者，而不是立法原本要保障的那些對象。（M. Oliver, 1982: 78）

至今這些仍是問題，1995 年與 2005 年的《身心障礙歧視防制法》的例子還可以加上去。身心障礙者組織與獨立生活中心應可和社會工作者合作來改變這個制度。

章節回顧

- 為了使身心障礙者能獨立生活，對於自己的生活有選擇、能有主控權，一個整體的系統觀點是必要的，只關注一個議題無法促成改變。

- 就業是身心障礙者最基本的議題，因為他們非常想工作，卻又是失業中最主要的一群。

- 減緩排除的各項立法成效有限，只有少數例外。

- 身心障礙者中許多人都身陷貧窮。

- 福利津貼制度有許多問題，但當前的改革卻使情況更糟，使身心障礙者更落入貧窮。

- 身心障礙兒童被排除於教育體系之外，將造成未來更長期的排除。

反思練習

習題 ❶

請上網瀏覽平等與人權委員會（Equality and Human Rights Commission），閱讀你的組織在 2010 年《平等法》下應有的責任。有了這些資訊，評估你的組織是否符合這些義務，並反省如果由身心障礙者來扮演你的角色，會有什麼障礙（如果你本身就是身心障礙者，可以想想有其他困難需求的人會遇到什麼阻礙）。

習題 ❷

列出你所在地方有哪些服務提供給身心障礙兒童，並運用第一章提到的三種福利觀點 —— 人道主義、順從與公民權 —— 研判其中哪些會使身心障礙兒童的公民權受損。

延伸閱讀

- Roulstone, A., & Warren, J. (2006). Applying a Barriers Approach to Monitoring Disabled People's Employment: Implications for the Disability Discrimination Act 2005, *Disability & Society, 21*(2): 115-31.

  本文以社會模式觀點探討身心障礙者在職場被排除的情形。

- Thomas, P. (2004). The Experience of Disabled People as Customers in the Owner Occupation Market, *Housing Studies, 19*(5): 781-94.

  探討身心障礙者在購屋時遭遇到的困擾與經驗。

- Alliance for Inclusive Education 是一個由身心障礙者辦理的資訊分享網與全國性運動。網址：http://www.allfie.org.uk/

- Equality and Human Rights Commission 具有法定任務推動及監督人權進展，並依《平等法》保護、執行與促進弱勢者的平等。網址：http://www.equalityhumanrights.com/

- Lifetime Homes 展示新屋可以如何彈性調整個人及家庭不斷改變的需求，尤其這種改變可能來自身體上的障礙。網址：http://www.lifetimehomes.org.uk/

第 6 章

獨立生活：脆弱與安全

截至目前為止，本書一直強調身心障礙者的獨立生活、選擇與主導性。不過，許多專業人員與家庭照顧者都憂心，如果未協助身心障礙者管理他們的照顧方案，也是危險的。有些文化的觀點一直認為身心障礙者應該被保護、被照顧，許多制度確實也在發揮這些功能，然而：

> 身心障礙者經常未受到妥善保護，有障礙的兒童與成人也經常被忽略，不論他們住在哪裡，都暴露在危險之中。（Clements & Reid, 2008: 8）

許多文章都談到住在機構的人們，常遭受疏於照顧或身體、性的虐待，而這些人通常是學習障礙者和老人。直到 2009 年政府才進行資料蒐集，並出版《英國成人虐待問題》（*Abuse of Vulnerable Adults in England*）的報告書（NHS Information Centre, 2011c），說明地方政府已知的虐待問題。這份報告書對虐待的定義如下：

虐待是個人或一群人對他人人權與公民權的侵犯，虐待可能是一個單一行為或由一些行為組成，它可能是身體的、語言的或心理的，它可能是一種忽略，不採取任何行動，也可能是說服一些手無寸鐵的可憐人違反他們的意願，使他們從事金錢或性交易。虐待可發生在任何的關係中，導致嚴重的傷害，或剝削受控制的人。（NHS Information Centre, 2011c: 35）

統計數字不代表絕對的事實，但可讓我們了解到底發生了什麼事。這份統計顯示有 50%的虐待案件，都發生在肢體與感官功能障礙者身上，21%發生在學習障礙者，發生最多的年齡層是 18 到 64 歲者（39%），第二多的年齡層是 85 歲以上者（25%）。受虐的女性比男性多，且隨年齡增加女性比例也增加，不同種族之間無顯著差異（發生案件數與人口分布的統計很接近）。在 18 至 64 歲的各類人中，肢體障礙者發生性虐待的比例最低，但最容易發生被疏忽，有身體、情緒或經濟上的虐待。同時這個年齡層的人，也最常被通報在公共場合中發生被虐待的情形。

在聯合國《身心障礙者權利公約》（CRPD）通過後，聯合國也特別注意對身心障礙者的虐待，或其他各種殘忍、非人道或剝削的對待或懲罰：

第 39 條：在私領域中，身心障礙者非常容易遭受暴力對待或虐待，包括性虐待，尤其在家中，受制於其他家庭成員、照顧者、健康專業人員或社區的其他成員。

第 40 條：身心障礙者常在未經同意下，被施以醫學的實驗、侵

入式或無法回復的醫療處遇〔例如：結紮、墮胎、為糾正或緩和障礙的介入，如電擊、改變心智的藥物，包括抗精神分裂症的藥物（neuroleptics）[1]〕。

第 50 條：折磨是對人權的健全與尊嚴最嚴重的侵害，通常在最無力的人身上發生，這些人完全受制於他人。身心障礙者常發現他們就是在這種處境中，例如因為坐牢或被囚禁而失去自由，或者完全受制於照顧者或法定監護人。有些時候，某種障別者會處在一種需依賴他人的情境，成為容易被他人虐待的目標，然而這種「無力」抵抗的狀態，經常都是外力造成，例如人們的決策權或法定權利因歧視的法令或實務所剝奪，而交給他人處理。（Nowak, 2008: 9）

　　本章將討論這些傷害身心障礙者的議題。在討論成人社會照顧中的特定風險或防護措施前，要先來看看在較廣的環境中，身心障礙者的危險處境，才知道為什麼要保護他們。有些潛在的威脅是非常明顯的，有些則是非常隱晦的，例如有時媒體會報導身心障礙者是社會的負擔，浪費國家許多資源在照顧他們。另有一些優生學的說法，認為身心障礙者會影響人種的優質基因，其實已經帶有某些種族主義，這些負面的觀點都會造成對身心障礙者的蔑視或敵意，一開始可能都沒有意識到這與保護身心障礙者有關，然而這正是大環境的一部分，也是造成身心障礙者身陷危險的來源。

---

[1] 譯註：有關neuroleptics藥物的介紹，讀者可參閱行政院衛生署暨臺北榮民總醫院臨床毒藥物防治諮詢中心之說明（http://www.pcc.vghtpe.gov.tw/old/docms/40107.htm）。

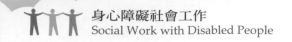

第一節　鑑往知來

一、優生學與安樂死

　　長期以來，障礙者的生命價值充滿爭議。二十世紀中，納粹德國的行徑就是最明顯的例證。優生學的哲理認為為了保持人種的「純粹」，應鼓勵有能力且最強勢的人多生產，而有可能損及人種品質的人應避免生產。二十世紀中，有許多國家都進行強制性的結紮，就是要避免造成人種被汙染（Friedlander, 1995）。安樂死則是指病人可以要求醫師協助其更快、且無痛苦的結束生命，而不要順其自然的結束生命。不過安樂死的意義與實務卻轉變迎合了優生學的概念，也就是說如果他人研判病人受苦，則親戚或醫師可以代替決定終止身心障礙者的生命，以減輕其苦痛。身心障礙者被視為無生產力，是經濟的負擔，研判身心障礙者是否被納入這種大屠殺的對象，就是立基於他們是否能工作：

> 在戰時許多案例顯示，健康的人們必須犧牲生命作戰，但有嚴重疾病的人卻能繼續生存下來，除非採取某些行動，此外，基於護理或營養的情形，也會同意應除去這些人。（Friedlander, 1995: 82）

　　在這段期間，身心障礙者被視為是沒有用的「米蟲」。

　　優生學與安樂死不是只在德國成為議題，許多身心障礙者都曾被隔離在機構中，男女被區分開來，甚至在納粹統治德國之前，美國和歐洲也曾強制他們結紮（Lifton, 2000）。在美國，專家們（包括社會工作者）在發展社會計畫時也都曾附和優生學的概念（Friedlander, 1995）；在英國，倫敦政經學院開啟社工教育的大師 Richard Titmuss 也曾是優生協會著名的會員，使他在 1930 年代躋身知識菁英。不過：

> 他似乎是偏向自由主義運動，同時極力呼籲協會擺脫舊式的行為主義與遺傳論主張，鼓勵會員重視營養與其他環境因素影響下的優生學。（Welshman, 2004: 228）

　　納粹德國當年在決定一個人應被移出家庭或送進機構時，會先做個評估，送進機構可能會被結紮或被殺害，實在像極了當今社會工作者為因應社會條件所做的評估（見 Burleigh, 2000）。

　　納粹對身心障礙者的非人道待遇並非首見，他們只是為了自己的目的，但歐洲與美國的先例使納粹更容易執行，後來對身心障礙者的殘忍對待（Aktion-T4 計畫殺害數以千計身心障礙者），只不過是大屠殺的延續。Lifton（2000）對於這種執行殺人任務的醫療專業人員之舉不可置信，他們竟然可以將替納粹執行的屠殺任務與自己的生活區分開來看。這個屠殺行動美其名是對身受重病或障礙者施以安樂死：

> Karl Brandt 醫師是當年執行 Aktion-T4 任務的醫師之一，他後

來因此非人道行為被判有罪,並和其他六名醫師被處決。但直到最後一刻,他仍認為自己的行為是仁慈的,並且深信他的行為是正確的。(Crow, 2010: 24)

　　納粹對屠殺身心障礙者的手法已臻純熟,才移轉到對猶太人及其他人身上:

官方的 Aktion-T4 任務宣稱至少有 7 萬名身心障礙者遭殺害,但接下來另有一些非官方、未知的安樂死,許多戰地醫師在德國各地的機構藉由飢餓、下毒、槍擊或電擊等方式殺害了更多人。最終的統計人數達到 25 萬人,實際上很可能還更高,因為有許多身心障礙者是在集中營被集體屠殺,完全未被統計。(Crow, 2010: 23)

　　殺害的行動在 Aktion-T4 任務結束後,仍未停歇(Mostert, 2002),法院對下令屠殺者仍心存悲憫,只有少數被起訴(Crow, 2010)。

　　上述背景與當今英國乃至世界其他國家的文化與社會價值,如何看待身心障礙者十分相符。在撰寫本書時,福利國家正打算進行改變,要節省成本,降低身心障礙者申請福利的人數,我們很擔心身心障礙者被描繪為一種社會的負擔,造成身心障礙者文化上更負面的形象,有如二十世紀初的情形:

身心障礙者被視為一種社會負擔,花費很高,社會負擔不了。

這不僅是汙辱身心障礙者，更忽略了他們對社會的貢獻。不論
是有酬的工作、志願工作、社會參與，他們都可有貢獻。每四
人中就有一人可能有某種障礙，如果社會中完全沒有像這樣的
人，就真的會更好嗎？歷史的記憶真的如此嗎？（Southampton
CIL, 2010）

　　Finkelstein與Stuart（1996）指出對身心障礙者生命的威脅，其
實早始於胎兒還在子宮中就開始了。他們呼籲停止篩檢後的墮胎，
因為有缺陷的胚胎對孕婦或生產並無危險，未來的生活品質也不應
作為墮胎的理由，因此他們強調應有家庭的支持，而不是因為這些
胚胎未來長大成人時無法為自己負責，就終止他們的生命，同時也
應禁止隔離的教育。

　　後續的不當對待或各種形式的歧視，顯示身心障礙者仍遭受不
同程度的藐視或敵意。

二、加工自殺（安樂死）

　　雖然自殺在英國是合法的，但要取人性命是非常嚴肅的事，應
該盡可能避免發生，但到了身心障礙者身上，卻好像不是這樣。自
殺者的理由很多，大部分人成功自殺都不曾想過會有別人牽扯進
來，1961 年的《自殺法》（Suicide Act）明訂在英格蘭與威爾斯地
區，不得鼓勵或協助人們自殺，違反者可能面對 14 年的牢獄之災。
不過近年來有許多媒體與大眾，對於一些有嚴重醫療問題的人認為
生命無望、不值得繼續的話題感到興趣，並對於透過加工自殺（as-
sisted dying）協助他們結束生命的人表示同情，這些討論和爭辯認

為，當人們受慢性病侵蝕或有障礙問題時，生命的價值就是負面的，而這可成為自殺的原因。

雖然人們了解有些人因為健康狀況不佳或欠缺社會照顧，會有尋死的念頭，但很少人了解身體障礙或生命遭受威脅的人是否曾得到適當的支持。有一個名為「尊嚴死亡」（Dignity in Dying）的組織，主張修法協助疾病末期者可採取加工自殺，但不適用於有嚴重疾病或身心障礙者，並致力於促進社會與個人照顧（www.dignityindying.org.uk）。不過「尊嚴死亡」組織較有名的是有關 Debbie Purdey 一案，她訴諸法院希望有朝一日萬一她需要她的伴侶幫助她自殺時，伴侶不會被起訴。這個立場在許多區都獲得支持，但目前法律仍未修訂，也就是說助人自殺仍屬違法。

媒體報導顯示，人們對於接近死亡者與有身體障礙者兩種人的認識很模糊。當身心障礙者的狀況並無生命威脅，而需要他人協助自殺時，人們通常不會問是因為缺少什麼樣的支持，使得他們選擇死亡，而不是好好活下去。對於想尋死的人，往往都只用一種常識判斷：

> 本週的一項重大突破，就是檢察官未起訴 Daniel James 的父母幫助他在瑞士的「尊嚴死亡」完成死亡心願。這位年輕人在一次足球活動中受傷導致癱瘓，他的父母尊重他的意願。身體上的失能也應和其他任何人一樣，有決定自己生命的權利。（Toynbee, 2008）

　　雖然 Daniel James 並未到疾病末期，但檢察官認為起訴他的父母並不符公共利益。當然如果是嚴重的障礙確實是非常痛苦，整個生活型態也會產生劇變。不過從身心障礙社會模式觀之，要衡量生命的價值，還有許多因素需要考慮，包括隔離、缺乏支持、孤立、缺乏同儕支持與歧視。我們要問的是 23 歲的 Daniel James 是否曾有機會和與他有相同障礙問題的年輕人在一起？當中也許一些人有著快樂的人生，他是否能自己主導自己的個人助理，能有適合的住宅、無礙的交通，這些能使人們享有喜樂生活的條件有無可能發生，而缺少這些，是否會使生命無法忍受下去？

　　Toynbee（2008）似乎也認為關心加工自殺似乎是基於宗教的理由，說道：「法律已經不存在了嗎？不是，它只是宗教啟發的律令終止後的新開端，延續了宗教，既無情且不實際。」（Toynbee, 2008）這個觀點忽略了有一群身心障礙者發起的「在英國，不要死」（Not Dead Yet UK）的無信仰網絡，他們反對修訂立法。這些身心障礙者認為，為了爭取他們需要的支持，必須一再說明他們的理由，有很多人也會覺得自己乾脆自我了斷，免得成為別人的負擔。發起「在英國，不要死」活動的身心障礙者都熟知過去安樂死的歷史，對於有人要修法，感到憂心忡忡。

　　瑟比頓的 Campbell 男爵夫人（Baroness Campbell of Surbiton）Jane Campbell 是「在英國，不要死」的贊助者，她曾因病住院，醫生判定她可能不想活下來，她不僅為此爭取立法保護，確保採取使她活下去的治療，且必須持續清醒 48 小時，以確保不會喪失生命（Campbell, 2003）。之後她寫道：

可悲的這社會仍將身心障礙者視為悲劇的受害者，在我的身上，由於我需要所有的照顧，是沒有任何尊嚴可言，我經常聽到「生不如死了吧！」不論醫療團隊或一般人都是一樣的看法，畢竟他們也是一般人，受到他們身邊身心障礙者的負面刻板化印象所影響。

我們要花費多少力氣，才能抹去這種刻板化印象。我們當中有些人能幸運地挑戰這些假設，但猛然一想：萬一我無法為自己發聲怎麼辦？萬一我沒有伴侶或照顧者在夜裡照顧我、為我守住活下去的權利，該怎麼辦？（Campbell, 2010: 13）

　　Alison Davies 也是「在英國，不要死」的網絡成員之一，她曾在過去十年間幾度尋死，但最後終於發現活下去的價值：

有時人們說那些尋死的人，只是在履行自己選擇的權利，但事實上，他們其實感受到的是「我們毫無選擇」，因為所有支持的機制都沒有到位。因此，他們並不是全為了自己而這樣選擇。如果說死亡是符合受苦受難者的利益，無異於是對那些身心障礙者和重症者的價值判斷，並認為死亡是解決他們苦難的合法途徑。我們可以做得更多，不是讓他們去死，讓醫療化死亡合法化，將限制能協助我們生活的社會與緩和照顧服務。

一旦立法通過了，死亡將成為預防受苦難的合法方式，生病的人與身心障礙者的生活環境中將充滿不安。（Not Dead Yet UK, 2011: online）

　　社會工作者或許會遇到身心障礙者希望能協助他們死亡，社會工作者應確保身心障礙者已得到了應得的支持，能過著完整的生活，同時應記住涉及加工自殺時，通常只注意到醫療問題，其他如歧視、缺乏支持而未能享有完整生活等議題都被忽略了。此時同儕支持是很重要的，獨立生活中心也是很重要的資源。

　　社會工作者應清楚了解：

鼓勵或協助他人意圖自殺，是違反 1961 年的《自殺法》第二節規定。（Crown Prosecution Service, 2010）

　　尤其社會工作者更要注意下列身分的人更可能被起訴：

（14）嫌犯的身分如為醫師、護士、其他健康照顧專家、專業照顧者（不論是否為直接給付支付費用），或有權者，如獄卒等，對於接受其照顧的人執行助人自殺行為。（Crown Prosecution Service, 2010）

　　雖然沒有專門的指南手冊給社會工作者，英國醫療協會（British Medical Association, 2010: 2）出版的指南，提供給醫師如何回應病人的要求，也可提供給社會工作者參考：

英國醫療協會（BMA）建議醫師盡量避免採取一些行動，會被解釋為協助、促成或鼓勵自殺的企圖。這意謂醫師應避免有下列行為：

- 建議病人何種劑量會致命。
- 建議病人如何預防嘔吐，使病人可以刻意服用過量。
- 建議病人可以到國外自殺。
- 撰寫特定的醫療報告促使可在國外加工自殺。
- 促成任何計畫自殺的面向。

第二節　機構虐待

　　本書先前已討論過，對許多身心障礙者來說，機構式的住宿實在是沒有選擇下的選擇，因此機構應該要有安全性，但實則不一定如此。不論是 1948 年《全民救助法》，或 1990 年的《全民健康服務與社區照顧法》的修訂，國家雖然仍負責提供機構住宿服務，只不過當今這些服務都是由政府向私部門或志願服務部門購買。1948年的立法是一個重要發展，政府正式同意慈善機構可以參與提供服務，地方政府也可以授予部分權力。有些政府部門確實這麼做，提供身心障礙者機構住宿服務最大的組織就是柴郡養護之家（Cheshire Homes），目前已改名為李歐那柴郡身心障礙家園（Leonard Cheshire Disability），在英國大約有 100 個家園。最近，也有一些私部門的服務發展起來了。

　　再回顧 1970 年代，從一位 UPIAS 的會員眼中看到的機構，當時他們很多人住在這樣的機構中：

慘絕人寰的身心虐待不時在機構發生，孤立無援到了極點，這些都赤裸裸的反映了社會如何對待身心障礙者，許多類似的地方，如特教學校，也有許多員工與志工在協助入住者。但是受到隔離式機構的基本架構——也就是照料一群身心障礙者，他們的協助徒勞無功，在這過程中，他們也被說服認為不應期待這群人可以充分參與社會，過著好生活。（UPIAS, 1975: 3）

有些曾住在柴郡養護之家的 UPIAS 成員，希望有人可以針對這些住在機構的身心障礙者的生活進行研究。這份研究由 Miller 與 Gwynne 進行，並於 1971 年出爐。報告中指出：

把人們放在這種機構時，社會就已經宣判他們死刑了，而機構的任務就是將他們從社會性死亡變成真正的生理上的死亡。（Miller & Gwynne, 1972: 89）

在二十一世紀時，許多身心障礙者都害怕失去支持，在機構終老，失去自主性與隱私。住進機構或日間中心，很容易讓身心障礙者感受到自己無就業能力，深感恐懼。機構控制入住者的生活，行動受限制，不必選擇何時吃飯睡覺，也不必選擇你想和誰在一起，或者你根本也不需選擇時間的安排。在機構的運作中，透過很多細微的安排，個人的自由一一受到限制，甚至不可避免的被濫用——根本忘了有人要一杯水喝，還在痴痴的等，也忘了有人需要協助如廁，人們就坐在那裡，一動也不動，沒有任何刺激，沒有外出的機會，沒有社交活動，也不會認識人：

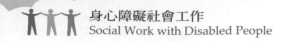

機構式照顧充滿無力感，機構化的本質，就連不是住在裡面的
人都能感受得到，機構化使在家中生活的身心障礙者提心吊
膽，擔心有一天使他們獨立生活而需要的支持會消失，或者由
於功能限制日益嚴重，會使再多資源也用不上，而停止下來
了。（Morris, 1991: 127）

機構生活的慘狀受到國際所重視，聯合國的人權委員會對於機
構經常發生處理不當的情形表達關切，但他們卻未注意到：

特殊委員會確實使大會注意到身心障礙者的處境，他們經常被
忽略、受到嚴重的限制與孤立，以及身體、心理乃至性虐待。
這種情形在公私立機構都存在，但卻未被認為是一種虐待，或
者殘忍、不仁道與貶損的待遇或懲罰。（Nowak, 2008: 2）

不過，就在撰寫本書時，政府也提出要將住在機構的身心障礙
生活津貼中有關行動的要件取消，這無異是雪上加霜。

要從這些隔離的環境中逃脫出來，就算是有可能，可也是困難
重重。二十歲出頭的 Anna McNaughton 曾就讀特教學校，接著住進
李歐那柴郡身心障礙家園，她的生活完全受限。她所住的機構及生
活網絡所處的區域，不在她的地方政府補助的範圍，但如果她搬到
自己所在區域的機構，政府又會中止對她的補助，新的政府部門也
認為這將不符她最佳的住宿方式。Anna 有嚴重的身體障礙，她表
示：「如果我能搬回自己的地方，我就能決定什麼才是對我最好
的，因而變得更獨立，我會真的為我自己感到驕傲。」（Salman,

2010）

Blunden與Ash（2007）指出這些原則太過模糊，使得數以百計的身心障礙者身陷困境，大量的經費投注於這些身心障礙者不想要的服務上：

> 為了解決爭議，許多經費投注在無效的行政與立法成本，許多案例中，身心障礙者也不能選擇更便宜的照顧及獨立的生活型態。這些爭議不僅打擊人心，更浪費公帑。然而要解決這些問題，根本不用花納稅人一分錢，且能省下不少錢。這就是政府科層體制造成意想不到的歧視，也是違反人權的做法。（Blunden & Ash, 2007: 6）

因此，就算我們不看機構照顧本質下受虐的例子，或者這些年有一些進步，但機構式照顧就是一種壓迫的形式。把人們困在機構，否定他們有私人與家庭生活，就是一種來自國家的虐待。就如兒童在機構中容易受到傷害一樣，身心障礙成人在機構也容易受到攻擊或其他敵意的對待，這些可能都是社會認為不法的行為。

近來開始執行的《身心障礙者權利公約》是個及時的機會，可以檢視反虐待的身心障礙架構。將對待身心障礙者的這些暴力與虐待對應到凌虐與不當對待，可使受害者與倡導者能獲得更佳的法律保障，並訴諸於違反人權。（Nowak, 2008: 2）

雖然統計顯示身心障礙者受虐待都是零星事件，但從受虐的來

源中（NHS Information Centre, 2011c）顯示有 32%虐待都發生在機構，相較之下，有 38%是在自己的家中。另在轉介案件中有 24%申訴受到社會照顧員虐待。對肢體障礙者來說，被其他同為障礙者施虐的情形最多（NHS Information Centre, 2011c: 9）。目前大約有 23萬人住在機構（NHS Information Centre, 2010），有更多人是住在家裡，因此在機構發生的虐待應是更多。在社會性照顧的機構中接觸到其他障礙者的機率也比在家中多。我們不禁要問：住在機構真的比住在家裡自己管理照顧大小事來得安全嗎？

第三節　仇恨犯罪

「仇恨犯罪」（hate crime）常與種族、信仰與厭惡同性戀的攻擊聯想在一起，近來也應用在一些對身心障礙者的攻擊事件上。根據皇家檢察署（Crown Prosecution Service）的定義：

> 任何事件的受害者如果是立基於對身心障礙者的偏見或敵意，
> 或者受害者或任何人有這樣的認知時，就是一種仇恨犯罪。
> （Crown Prosecution Service, 2006: 10）

雖然身心障礙者被攻擊的案件數很少，並不代表沒有這種情形，只是可能沒有意識到這種攻擊來自仇恨犯罪。身心障礙者常被視為是「脆弱的」（vulnerable），多數的攻擊如係因為身心障礙者是好欺負的，而不是因為對身心障礙有仇恨而產生，可能就覺得不

那麼嚴重：

> 並非所有對身心障礙者的犯罪都是仇恨犯罪，有些犯罪是因為
> 人們認為身心障礙者好欺負，犯罪者對身心障礙者並無特殊厭
> 惡或仇視。（Crown Prosecution Service, 2006: 9）

Roulstone 等人（2011: 356-7）卻有不同看法：

> 如果在仇恨身心障礙者的犯罪中，加上權力的概念，是有點奇
> 怪的，好像這樣可以說對身心障礙者的攻擊，並不是因為仇
> 恨，而是因為他們比較「脆弱」。雖然保護他們絕對需要，但
> 主要的訴求卻是因他們比較無力訴諸法律。……換言之，我們
> 將脆弱、可憐、悲劇等都視為對身心障礙者仁慈的假設，不同
> 於歧視、敵意或仇恨，那麼建立一套障礙主義的仇恨犯罪政策
> 與法律又有什麼意義？

　　對於身心障礙者仇恨犯罪的研究不多，不過一項對於西北英格
蘭區一個組織的研究（Roulstone & Thomas, 2009）倒可提供相關訊
息，使我們了解對身心障礙仇恨犯罪的反應與概念。作者發現報案
率只有10%，但他認為這可能是各地都沒有一個反映仇恨犯罪的機
制，許多第三部門的工作者反映，有些部門並不承認有身心障礙的
仇恨犯罪。也有一些人是不願意報案為仇恨犯罪，因為「要讓身心
障礙者對執法人員說自己是被仇恨的目標，對於沒有障礙社會認識
的人來說，還需要許多文化上的思考」（Piggott, 2011: 32）。

　　由於相關研究實在太少，Thomas（2011）運用 Disability Now 的網站資訊來了解。網站上共有 51 起事件描述為身心障礙仇恨犯罪，其中 31 件是發生在肢體障者身上、13 件發生在學障者身上（Disability Now, 2010: online）。二起事件經媒體揭露，當事人受重創後身亡，證明了其他 53 起事件：

> 總共只有兩起案件被警方認定是「仇恨犯罪」，其餘有 10 件被視為只是因為他們好欺負。13 起事件造成死亡，其中 5 起是他殺，1 起是過失殺人。27 起是竊盜、23 起涉及攻擊。14 起攻擊事件都曾在稍早報案遭受攻擊。有 10 個人被推下輪椅或小輪摩托車。有 9 名加害者是「親友」，最常發生在學障者身上。看起來學障者最容易死亡、被搶與被擄，而輪椅使用者最常被推下輪椅及被搶。（Thomas, 2011: 108）

　　對於身心障礙仇恨犯罪的動機至今仍不明，不過如前所述，很多人認為身心障礙者不值得過個像樣的生活，恐怕多少是個原因（Gallagher, 1990; Clements & Read, 2003）。Crow（2010）將二十世紀中期的優生學與安樂死和這個議題連結在一起：

> 在一個身心障礙者仇恨犯罪增加、社會又充滿硬體障礙與偏見時，道理顯而易見。產前篩檢、終止障礙胚胎、急於將加工自殺合法化，這些動作都顯示認為身心障礙者的生命沒有價值，甚至沒有存在的權利。（Crow, 2010: 24）

政府統計（NHS Information Centre, 2011c）顯示將近 90%的虐待案件是由專業人員舉報，來自家庭、朋友、鄰居或自己舉報的案件數只占 10%。對於社會服務完全未觸及的身心障礙者，要舉報的可能性更是微乎其微。

「仇恨犯罪」包括很多類型的敵意事件，對身心障礙者的攻擊可能來自陌生人或熟識者，與種族主義或厭惡同性戀者類似。不過對身心障礙者的敵意更容易來自與他們關係密切的人。Thomas（2011: 108）也區分了仇恨犯罪與伴侶犯罪（mate crime）：

> 「仇恨犯罪」是「外來者」的暴力攻擊，而不是來自身心障礙者家中，或者外來者闖入家中純粹就是為了攻擊。犯案者和身心障礙者之間的關係連結非常薄弱，他們可能住在附近，但彼此之間沒有互惠關係或相互依賴。身心障礙者也沒有打算和他們建立任何關係。這可能是一種機會性的攻擊，或者是長期、重複持續的攻擊。
>
> 「伴侶犯罪」則來自「局內人」的敵意行為，他們可能住在一起，有相互關係，身心障礙者傾向這種關係，希望敵意終止，但又和他們作伴，覺得都是家庭或團體的一份子。這種處境就不是機會性的，而是精心設計的，身心障礙者通常不會向警察舉報，因為他們覺得加害者是朋友，因此對於這些暴力行為也合理化。

有時候身心障礙者就和施虐者同住，或者有友好關係，敵意經常默默發生，甚至發生在連社工員都認為照顧得很好的環境中。照

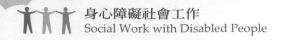

顧者和這些準朋友們很容易就會控制如下的事項：

- 身心障礙者要住在哪裡。
- 和誰一起住。
- 他們何時起床、睡覺。
- 什麼時候如廁。
- 他們穿什麼衣服。
- 他們可否出門。
- 他們可以和誰做朋友、何時或是否可以聯絡。
- 吃什麼，何時可吃。

他們可以藉由以下方法控制行為或懲處：

- 身心障礙者無法使用他們需要的設備或物品。
- 使家戶內不易行動使用。
- 暫時不照顧。
- 暫時不給藥。

他們也可能利用身心障礙者獲得好處，如：

- 欺騙使用身障停車位。
- 使用他們的代步車，使身心障礙者無法使用。
- 申請照顧者津貼，但其實沒有好好照顧身心障礙者。

這些行為很少被認為是犯罪，它很容易發生，且別人不置可否，不過這些都是他人對身心障礙者權力的運用。這些行為是一般人所做、在尋常家庭發生，甚至行為人、身心障礙者本身或其他人

都不覺得有什麼不合理之處（Thomas, 2011）。

社會工作者要注意辨識與保護身心障礙者不受這種仇恨犯罪，但這不是一蹴可幾。就算有明確的敵意，要指認出來也不是件容易的事，身心障礙者為了要得到支持與照顧，或者為了要建立關係，很可能使自己處在一種敵意與虐待的處境中。

第四節　身心障礙兒童的虐待

雖然非身心障礙兒童被虐待的問題已受到重視，但身心障礙兒童至今仍未受到兒童保護專業的重視。過去十年，身心障礙兒童容易受虐的議題，已經成為安全服務（Safeguarding Services）的議題（Chief Inspectors, 2005），也納入許多社會服務部門必要的安全程序，更成為歐洲委員會（Council of Europe）關心的議題（Brown, 2003），同時也編入兒童保護教科書中的內容，如 Kitson 與 Clawson（2007）所出版的《兒童保護手冊》（*The Child Protection Handbook*）第三版。

不少作者（Brown & Craft, 1989; Kennedy, 1989; Kelly, 1992; Marchant & Page, 1992; Middleton, 1992, 1995, 1999; Westcott, 1993; Westcott & Cross, 1995; Morris, 1997b, 1998, 2002; Read & Clements, 2001）開始討論這個議題，並指出身心障礙兒童不只容易受虐待，同時也比較容易離家生活，不過還有其他被虐待的方式：

身心障礙兒童會離家居住，也特別危險，除了在一般機構中所

有兒童可能有的風險外，身心障礙兒童還有其他被虐待的風險，包括用藥過度、餵食不良、如廁安排、對於挑戰性行為的控制，以及缺乏刺激、資訊與情緒支持等。（NSPCC, 2003: 23）

　　身心障礙兒童保護主要有三個議題。首先，兒童保護服務往往忽略身心障礙兒童的虐待情形，因為他們不了解這是有可能發生的，或者因為只對家庭提供服務，無法察覺發生在養護學校裡的虐待情形；再者，有些對於身心障礙兒童的虐待行為，被視為是承受過度壓力的家長正常且可以容忍的反應，或者源自於社會工作者缺乏適當的溝通技巧，而難以發現。

　　其次，教育系統造成身心障礙兒童被機構化，特別容易被家庭成員外的人施虐，並否定他們和一般孩子一樣有參與主流社會的可能性。此外，不論在主流學校或隔離教育，都有可能發生霸凌的情形（Chief Inspectors, 2008: 31）。

　　最後，經由諸如引導式教育（conductive education）的活動，將非身心障礙者的規範強加於身心障礙者身上，其實也是一種虐待（Reeve, 2002）。雖然在很多保護機構，已漸漸了解身心障礙兒童虐待的問題，然而長期以來受到身心障礙個人模式的霸權影響，社會工作者無法賦予身心障礙兒童與非身心障礙兒童等同的價值。Middleton（1995: 70）認為兒童保護研究將兒童虐待視為社會建構的概念，也反映了社會的價值。如果這是真確的，那麼官方無法處理身心障礙兒童虐待問題，也就反映了福利體系欠缺關懷這群人的文化。唯有當我們的社會用公平的觀點來看待身心障礙兒童時，他

們才可能得到更好的保護。

　　本節的目的強調這個重要的問題，並思考在社會模式下，社會工作者、警察與法院對於這些不可置信、身心障礙兒童的惡夢，該怎麼回應。

　　Morris（1997b）在回顧關於將身心障礙兒童安置在寄宿學校以及照護之家的文章時發現，社會服務部門利用這種安置服務，避開了兒童照護的議題，當然也包含了身心障礙兒童受虐的情形。這不僅反映出對於個別兒童的歧視，從制度面來看，這也與對待非身心障礙兒童的反應大不相同。Middleton（1995）指出，社會工作者必須對兒童虐待問題所帶來的挑戰有所回應，發展出反壓迫的實務，打破人為的制度限制，才不會使兒童及其父母的利益兩極化，不讓二者互相成為對方的受害者。然而，兒童保護服務也面臨著政治與實務上的問題，這些問題常常延誤了身心障礙議題的整合。

　　最後一部分則是情緒虐待以及對自我認同的否定。發展正向的自我認同，對於確認自己的價值與公民權都是重要的，先前曾提到的引導式教育，至今雖仍受到諸多爭議（Beardshaw, 1993; Oliver, 1993），不過它也證明了情緒虐待可能也和身心障礙兒童身分的認同感有關係。

　　引導式教育的問題在於它訓練人們去適應非身心障礙者的規範，是一個累死人的體制，使得家庭與兒童精疲力竭，沒有時間與力氣過快樂的生活，並且貶抑了多元性的價值。失聰的孩童被送去只允許教唇語的學校，且不准他們學習手語，便是一個例子。他們被排拒在語言文化之外，被期待能夠適應聽覺世界的定律。Morris（1992: 6）描述了自尊對身心障礙者的重要性：

一位母親談到她深愛著她的孩子,「儘管」她的孩子有身心缺陷;她其實正在表示的是,她並不喜愛孩子身心障礙的部分。麻痺協會(Spastics Society)曾公開呼籲人們「看這個人,而不要只看到他的輪椅」時,就像是要求人們忽略我們經驗中的核心部分。而當我們「戰勝所有的機會」而成功,被他人喝采時,我們身心障礙的部分將會被否定且逐漸渺小。

將我們自己視為「人」的價值,不應該忽略我們與他人的不同之處。在主張自己的權利時,我們也應該要以自己為榮。除非我們接受了自己的不同之處,才能無懼。

一個由個人模式所主導的社會,所謂的正常就是沒有缺陷,脫離這種邏輯就無法發展出正向的自我認同,被視為離經叛道。而這正是身心障礙者要努力掙脫的限制,而且絕對不是克服功能上的障礙而已。童年是生活的形成過程,如果在此時生命的價值被貶抑,對未來成人生活的發展有很嚴重的影響。情緒虐待往往被認為不如身體、性或疏忽虐待來得嚴重,但它潛在的傷害卻很大(Reeve, 2004),因此社會工作更應該要了解身心障礙兒童,不論在兒童虐待或其他領域。

第五節　風險

社會工作者也應警覺到其他來源的虐待風險。從事保護服務的人經常難以相信看來脆弱的成人和兒童,會成為虐待者的目標,但

許多證據都顯示施虐者往往會利用這個弱點。這反映出社會價值往往視身心障礙為一個悲劇，認為他們都是需要幫助與協助的，不會想到他們會像非身心障礙者一樣有潛在風險，甚至他們的風險還更大。

另一個風險來源是主流的意識型態，認為身心障礙者是快樂家庭的負擔，因此也能容忍家長或照顧者漸失的耐心，使得社會工作者會認為身心障礙者因受虐而受苦也是可以接受的。這一切都是因為將身心障礙者視為依賴者與問題的原因，同時也反映社會工作者和他們的機構的共謀，是他們未能對身心障礙者及其家庭提供適切的照顧。

更進一步的風險是虐待會被忽視，例如沒有注意到是身心障礙者需要個人協助，或者未提供適當的服務與協助，還是因為兒童逐漸長大需要不同的服務了。把這些視為對待身心障礙者的方式，而不是一種虐待，這也反映一種個人模式下將身心障礙醫療化的情形。

有時候，問題來自於從事保護服務者欠缺溝通方式，如不會使用手語，以及習慣從非身心障礙者的文化去理解世界，包括虐待。在整個福利體系及社會，都認為溝通的問題是個人不能說、不能聽的問題，而不會認為是社會欠缺容納多元溝通工具的問題。因此身心障礙者往往無法證明什麼，或者他們的意見無法被聽見。

最後，虐待可以解決一些行政上的難題，許多兒童被送到住宿學校或者寄養家庭，成人也被送到機構照顧，他們後來都遭受虐待。這類的資源實在不多，因為許多寄養家庭或主流學校都沒有調整適應身心障礙兒童，社會服務的問題就是要找到合適的安置地

點，把他們移出這些地方，不如虐待的問題嚴重。雖然在行政上這是最簡單的方式，但絕不是對兒童最有利的安排。居家障礙以及家庭中缺乏支持，更是使身心障礙兒童及成人陷入危險處境的原因。

這些對障礙兒童或成人的反應，也顯示出個人模式影響之深遠。社會服務機構的制度結構，與社會工作者的文化信仰，都無法適切的接納身心障礙者，這些問題絕非單一反應，而是一個共犯結構。

聽起來身心障礙者遭受虐待的問題形成一幅負面的圖像，這都不是身心障礙者造成的，而是他們所在的文化與制度造成。這正是改變的起點，也是保護應著力之處。但是，相反的，有更多限制加諸身心障礙者之上，認為可以保護他們免於風險。專家與家庭都擔心個人化其實更是風險，這種想法限制身心障礙者，否定了他們的選擇、控制及有權快樂生活。這些問題也不可能被單一的政策解決，真正的關鍵在於文化的理解必須改變，唯有挑戰這些已經被社會工作者與機構內化的假設，否則它將繼續影響適切實務尋求的成果。

個人風險在所難免，總會抵消一些行動的正面效果。例如縱使會有車禍，也不可能阻止人們使用車子，因為它帶來一些好處。不過這種平衡卻否定了身心障礙委員會（Disability Rights Commission, 2006: 1）及身心障礙者所指出的「沒有任何事物可以阻礙去除風險，不論是自由、成本、效益」，事實是很荒謬的，「如果身心障礙者要成為平等的公民，那麼因『風險』對生活各方面造成的損害，都應該被挑戰」（2006: 6）。

此外，衛生部（Department of Health, 2010a: 6）也指出當人們

不受他人控制，反而比較不容易有危險：

> 比起孤立與依賴服務的人，那些可以選擇與控制自己的支持如
> 何安排、與親友保持聯絡、保持活力與健康的人，比較不容易
> 遭受虐待，後者的生活中也比較容易出現關心虐待問題及願採
> 取行動的人。

保護個人最佳的方式是確保在社區環境中能確實落實個人化。
如前所述，社會工作者應改變文化，讓身心障礙者自己決定與控
制，這當然也包括讓人們可以承擔風險：

> 風險管理是有關於使用服務者探索他們能承受的風險的程度，
> 員工的文化必須改變，包括理解、管理與協調風險的方式。從
> 個人為中心的角度工作，可避免先入為主的觀念，它鼓勵能先
> 考慮個人所處的特殊情境，以及之前曾發生的問題。在設計對
> 個人的支持時，安全仍是重要目標。（Department of Health,
> 2010a: 8）
> 除非我們盡一切努力支持身心障礙者做決定，而他們仍無法完
> 成時，我們仍應假設他們是可以自己判斷風險的，這是 2005 年
> 《精神能力法》（Mental Capacity Act）與《身心障礙者權利公
> 約》第十二條的原則。「國家政黨應了解身心障礙者能在公平
> 基礎上，在全面的生活中享有合法的能力。」（United Nations,
> online）

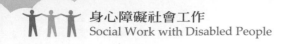
　　獲得支持與遭致風險是兩個應共同考慮的因素，不能剝奪獨立性絕對是優先考量。即便小小的選擇，對身心障礙者也會造成很大的不同，因此絕不能讓自以為是的人決定一切。

　　社會工作者應該展現他們合理的平衡了風險，並記錄決定的過程，才能形成書面的證據。

章節回顧

- 長期以來我們都忽視了身心障礙者虐待的問題，是整個社會與文化造成這個忽視。
- 風險無所不在，我們需要保護來避免風險。
- 風險與保護得要與其帶來的利益平衡，因為利益往往是生活選擇的結果。
- 保護應著眼於社會與文化的虐待因子。
- 保護也不應該剝奪了身心障礙者自由享受人生與成為社區一員的權利。
- 社會工作者應與身心障礙者一起爭取權利的平衡，同時將達成目的的過程留下紀錄。

反思練習

│習題 ❶│

　　在網路上搜尋媒體對「安樂死」的討論，也許是身心障礙者的家人對他們的加工自殺，不論當事人是否有此請求，寫下你的發現，評論這些看法是否中肯。在肢體障礙者的意見中，誰主張法令不應

改變，他們的意見被妥適的報導了嗎？

┃習題 ❷┃

觀察媒體對身心障礙者的報導兩週，包括報紙、雜誌、電視、廣播、戲劇等，寫下你觀察的內容，看看對身心障礙者提升尊敬的比較多，還是貶損的比較多。

延伸閱讀

- Department of Health (2009). *Safeguarding Adults-Report on the Consultation on the Review of "No secrets: guidance on developing and implementing multi-agency policies and procedures to protect vulnerable adults from abuse"*.

此報告詳述建議與各界反應，但不含政府的反應。

- Roulstone, A., Thomas, P., & Balderston, S. (2011). Between Hate and Vulnerability: Unpacking the British Criminal Justice System's Construction of Disablist Hate Crime, *Disability and Society, 26*(3): 351-64.

本文探討對於障礙主義、厭惡同性戀與跨性別恐懼（transphobic）的仇恨犯罪。

- Roulstone, A., & Mason-Bish, H. (2012). *Disablist Hate Crime and Violence* (London: Routledge).

- Scragg, T., & Mantell, A. (2011). *Safeguarding Adults in Social Work*, 2nd ed (Exeter: Learning Matters Ltd).

是一本個案探討與相關練習的實務資源。

- Thomas, P. (2011). "Mate Crime": Ridicule, Hostility and Targeted Attacks against Disabled People, *Disability and Society, 26*(1): 107-11.

  探討仇恨犯罪與伴侶犯罪的差異。

- Association for Real Change 提供學習障礙者建議，使其避免受到傷害，網址：http://www.arcsafety.net/

- Not Dead Yet UK 是由不希望現行有關加工自殺法律有所變更者所組成。網址：http://www.notdeadyetuk.org/

- Roaring girl Productions 以 Aktion-T4 事件為基礎編排的戲劇，探討當時納粹政府大規模屠殺身心障礙者，對於今日有何啟示。網址：http://www.roaring-girl.com/productions/resistance-conversations/

第 **7** 章

結語：未來方向

　　最後一章，我們將再回顧身心障礙者社會模式，對於社會工作專業活動拋出的議題。首先會談到理論與專業的議題，接下來是從組織的面向討論，最後則是未來的策略。

第一節　理論與專業發展

　　如前所述，自 1990 年代晚期，福利國家的設計與其宣稱的目的都歷經重大改變，從實施直接給付制度、衛生部的政策文件強調獨立生活、自主與充權，到任命獨立生活全國委員會（National Council for Independent Living）的前主席 Jane Campbell（現為 Baroness Jane Campbell）擔任卓越社會照顧研究機構的首屆主席等等，這些發展在在顯示工黨政府是很認真的在實踐社會模式的分析。然而，執行的策略卻不如預期，甚至肩負社會照顧服務輸送責任的人員，更抗拒這些足以真正改變身心障礙者生活的變化。雖然在聯合政府下，這樣的改變並未停歇，但許多視身心障礙者為國家經濟問題原

因的指控，仍激發社會工作者對政策的反對，如個人化的政策（Dunning, 2011）。

在發展一個適切且能達到目標的社會工作概念時，最大的問題在於欠缺適當的實務架構。長期以來，英國社會工作者協會（BASW）與全國社會工作教育與訓練委員會（CCETSW）都曾嘗試界定身心障礙社會工作的角色與任務，並建議一些必要的、不同層次的訓練（CCETSW, 1974, 1989; BASW, 1982; Stevens, 1991）。衛生部所要求的社工教育，仍堅守身心障礙者的個人模式，並將其同列於人類成長與發展的課題之下（Department of Health, 2002）。但稍後，社會照顧委員會總會（GSCC）則很明確的主張獲得資格後（post-qualifying）持續培訓的社會工作應建立在社會模式的觀點之下，和身心障礙者以伙伴關係一起工作（GSCC, 2005）。

近來 GSCC（2008: 56-7）在其平等多元計畫（Equality Diversity Scheme）中重申對身心障礙社會模式的承諾，但同樣的，在執行面不怎麼顯著，不過，GSCC的業務在 2012 年已轉移給健康專業委員會（Health Professions Council, HPC）。在 HPC 的平等計畫（Equality Scheme）中，雖採納《身心障礙歧視防制法》對身心障礙的定義，並附加說明身心障礙者被排除的主要原因只是個人態度層次的問題，但由於HPC是一個處理醫療事務的機構，難以想像個人在社會制度及結構上所遇到的障礙，因此它的方針不可能促進社會工作對身心障礙者的社會性理解。

回溯到 1990 年的年度大會在 BASW 曾一致通過一項行動，認定身心障礙者是社會對失能者的反應造成，同年它也提出一項專題報告（BASW, 1990），描述身心障礙的本質是身體損傷，只是會因

失能程度、預後狀況、成因、社會障礙、年齡、社會衝擊、個人功能及社會功能的改變等條件不同，因而對個人及家庭造成不同之衝擊。這份報告將社會工作的角色描述成一系列的功能性任務，包括了解身心障礙者是否有危險及如何因應等，但它指出，要社會承擔起保護弱勢者的責任，同時又要促使其獨立生活，完全是背道而馳，這樣的描述又回到了個人模式的觀念，等於只停留在知識技術及實際任務的層次上。BASW 的政策文件不斷反映個人模式對問題的理解，並持續使用「有障礙的人」（people with disabilities）[1] 一詞。

　　另一份文件《建立安全、有信心的未來》（*Building a Safe and Confident Future: One year on*）中，則指出簡化標準應是令人期待的發展，同時提出九個專業標準之架構，包括「權利、正義、經濟福祉：提升人權、促進社會正義與經濟福祉」（Department for Education, 2010b: 14）。主要的社會工作與社會照顧組織最近也由成人社會服務主管協會（Association of Directors of Adult Social Services, ADASS）與衛生部組織起來，共同發表社會工作是什麼及其能為人們做什麼的論述：

人們重要的成就是：
* 選擇與控制。
* 尊嚴與尊敬。
* 經濟福祉。

---

[1] 譯註：請參考第二章第四節作者對此文字用法之解釋。

- 增進生活品質。
- 健康與情緒福祉。
- 做出正面貢獻。
- 免於歧視與被騷擾的自由。（ADASS/ Department of Health, 2010: 3）

致力於理解身心障礙與社會力之間的關係（至少在官方政策文件中），是個正面的發展，但實際上有多少被落實仍令人懷疑，甚至也不必然就會發展出相應於此理論架構下的實務作為。

身心障礙社會工作實務之專業基礎發展，從未真正掌握到理論與實務之間的關係所帶來的問題，而個人模式或社會模式都與這層關係息息相關。我們可以說個人模式源自於「將身心障礙視為個人悲劇的理論」，而社會模式則源自於「將身心障礙視為社會問題的理論」，許多政策論述都未堅定秉持社會模式的分析。在實務上，有些人身體上的損傷可能極為嚴重，但障礙狀況卻還好；反過來說，有些人身體上的損傷很輕微，但卻因貧窮、住宅問題、雇主態度與充滿敵意的社會態度等，造成很嚴重的障礙。因此像專業專家這種稀少的資源，應該根據社會性障礙的程度來配置，而非依身體損揚的嚴重程度。

Lee（Bailey & Lee, 1982: 16）曾提出三個層次來區辨這個問題：

第一層：實際任務。
第二層：技術知識。
第三層：理論知識。

　　理想上，社會工作實務應整合這三個層次，但實際上卻呈現
「學院派」與「實務派」的兩極化發展，二者認為彼此互不相干。
Lee 指出，「欠缺實務考量（第一層）而想像出的理論是沒有實用
性的；相反的，與理論問題（第三層）隔絕的實務，或許在汽車修
護這種事情上有用，但對社會工作來說卻是十分危險的」（Bailey
& Lee, 1982: 17）。社會工作中，第一層與第二層的關係應是十分
緊密，但第二與第三層的關係就很薄弱。要理解運用身心障礙的社
會模式，是更需要第三層的理論知識。

　　社會模式至今未受重視的原因很多。第一，直到 1980 年代為
止，身心障礙相關的理論原本就很少，和技術知識的關係又有距
離；其次，很難發展社會工作技術的操作手冊；最後，很多身心障
礙者的服務都被視為無關理論，也許潛在是一種個人模式，或就只
是一個立即的實務任務而已。然而，Lee 指出這種實務是有問題的：

> 理論應為實務而存在，但不應為實務而量身訂做。實務上的關
> 聯性不能作為理論的主體，否則理論就會太空泛。這種因應環
> 境需要而生的理論，充其量只能算是修車手冊，使用這種手冊
> 固然可以有效率地工作，但卻是沒有自主反應的機器人。
> （Bailey & Lee, 1982: 41）

　　政府文件中尚以個人模式為出發者包括《成人社會照顧的願景
——能力社區與積極公民》（*A Vision for Adult Social Care － Ca-
pable Communities and Active Citizens*）。雖然它指出對公民的承
諾，但仍是仰賴社區志願主義，而非特定支持程度的權利或致力於

去除造成障礙的阻力。不過這份文件中指出應有使用者導向的組織與地方政府的支持等，仍是值得期待的。另一個例子是法律委員會審查成人社會照顧的立法時指出，社會照顧立法多如牛毛，應建立單一立法。雖然簡化是好事，但也有要承擔的後果，委員會並建議「成人社會照顧的終極目標是促進個人福祉。實際上，個人福祉應是所有決策與法律執行的根本依據」（Law Commission, 2011: 20-1）。

此外，委員會也認為「福祉」和支持人們成為一個積極的公民是不相符的，因為「二者不夠明確，無法轉換成立法的運作。此外它們並不符合單一整合性原則，因此處於潛在的緊張關係中」（Law Commission, 2011: 19）。

這些建議恰巧都沒有處理身心障礙的社會成因，甚至可能帶領社會工作遠離這個方向，雖然身心障礙的社會模式應能提供為身心障礙社會工作實務的適切基礎，但社工界大部分仍是保守且不願挑戰現存的社會關係，深植於文化與社會意識的個人模式或個人悲劇理論，必須透過徹底推翻理論概念與實務取向才能改變。這些當然對社會工作者的訓練需求與專業組織有重要意涵，只增加身心障礙者基礎訓練課程的知識，在過去或許足夠，但現在就不夠了，它也應該與專家實務的扭轉、遠離一般取向一併處理。社會工作應增加多元性來確保身心障礙者能被融入，社會工作中也應擴大參與程度，如同 Sapey 等人（2004）所提出，並也獲得 GSCC 支持。雖然這看起來與公民權的觀點相符，但服務提供者與使用者的關係還是需要變革，才能真正將社會模式的精神融入社工實務中。

弔詭的是，雖然 BASW 和 GSCC 都同樣重視充權、參與和選

擇，並發展出社會工作課程中的反壓迫實務，這些實務的基礎是視個人、家庭或社區所需面對的社會問題，是英國社會結構中制度性壓迫的結果，但同時，它採用了教育的能力模型（competence model of education），這使得社會工作：

> 受挫於機械式地運用政治正確主義，呈現出一個不求甚解、習以為常且墨守成規的觀點，學生只能屈就或反抗，自己能質疑及支配的範圍有限，甚至原始的源頭根本不會注意到他們。
> （Froggett & Sapey, 1997: 50）

雖然這個矛盾的理由一部分來自政府對這些組織的壓力，但社會工作自己的價值也難辭其咎。二十年前，Holman（1993）指出，BASW 的社工倫理守則（*Code of Ethics for Social Work*）背後的意識型態，其實就是非常個人主義的：

> 過於狹隘地思考相互的義務、環境與結構，就是一個缺點，它先是用個人缺陷來解釋問題，忽略環境因素。這種個人主義與新右派的觀點相似，他們認為比較低階層有缺陷的人，就應該被譴責及控制。它也看不起那種對抗貧窮及社會勢力的運動，因為那被認為是社會工作的範圍之外，社會工作就只處理個人就好，這對於社會工作者與使用者組織及社區居民進行集體行動，是有阻礙的。（Holman, 1993: 51-2）

好在 BASW 的倫理守則中仍有兩個原則能運用社會模式，那就

是降低劣勢與排除、挑戰濫用權力。Holman認為解決之道在於以相互依存的基礎，發展國家與福利受益人之間的關係（而社會工作者就是國家中發揮福利功能的行政人員）。相互依存是社會主義者主張的博愛價值，如以此支撐社會工作實務，也許就能回應社會模式的批評。這不僅意味著與身心障礙者互相分擔責任，社會工作者也能支持個人達到自我期許，這才能真正有效地協助他人減少受到的障礙，身心障礙人士的運動真正能夠影響到他們。基於這個理念所延伸的社會工作也會發現，那些有系統地發生在特定族群身上的壓迫，事實上也可能發生在所有人身上。

身心障礙的個人模式及偏差行為或常態行為，都是現代主義的產物，急於尋求科學的肯定，但實際上是受到傳統強烈的社會階層所影響。在這種世界，人被分成正常和不正常的，而社會模式可以協助我們了解壓迫的系統化過程。在抗爭的過程中，受壓迫的人們會質疑社會對他們的看法，但同時也應該要挑戰壓迫者。Stuart Hall（摘述自 Jaques, 1997: 34）指出在種族的問題上，已經發生了一些情形：

隨著全球化來臨，每個人不會只有一個身分，每個人的根源也不只一個。因此，有一半的英國人發現原來他們是法國人，他們的語言部分根源自挪威，是斯堪的那維亞系的；還有一些人原本是羅馬人，他們住在澳洲及喜馬拉雅山。

這個結果打破了種族主義的基礎，特別是用來合理化壓迫黑人的優越感。就身心障礙的問題來說，非身心障礙者會發現他們和所

謂正常人不一樣之處，就和失能者與正常人的差異一樣，所以也不是獨特與優越的一群。

　　社會工作自許為障礙的專業，並認為障礙是社會所需要的，恐怕本身就是一種壓迫的形式，增強了個人缺陷與責難的理論，而社會工作真正需要的，應該是發展去除這種障礙的承諾，並和身心障礙者並肩作戰才對。這需要徹底轉向基進（radical）而非個人化的實務，身心障礙者或社會工作者的問題，並不會因為在課程中融入充權的元素，當做一種工具性的能力，就能解決，因為能力基礎的教育本身就是反理論的教育，透過科層的方式限制抗議或自我充權的有效性，就是一個「去充權」（disempowering）的過程。

第二節　組織議題與結構發展

　　對於身心障礙者的服務，從組織的角度有三個值得關心的層面：

1. 社會工作者作為身心障礙者需求與國家需求之間的仲裁者。
2. 對於身心障礙者服務的責任，散布在許多機構與復健專業之間，且未經協調。
3. 可用的服務往往是反映專業者與工作者的興趣與期待，而不是基於對身心障礙的分析或身心障礙者的需求。

　　身心障礙者的需求與可提供的服務之間關係十分複雜，可以用一個圖來表現（參見圖7.1）。從這個圖中可以看出，身心障礙者的

需求與得到的服務都是他人所定義，服務也是由大型的科層組織來提供。

　　社會工作者為自己的角色辯護，經常說是機構限制了他們的實務。不過，在社會服務部門社會工作者的問題，並不只是他們欠缺發揮的機會，而是他們無法區辨在決策時，專業與行政各自的標準，因而無法支持社工人員用專業而非行政的觀點決定。不幸的是，行政觀點最後獲勝了，政府透過1990年的《全民健康服務及社

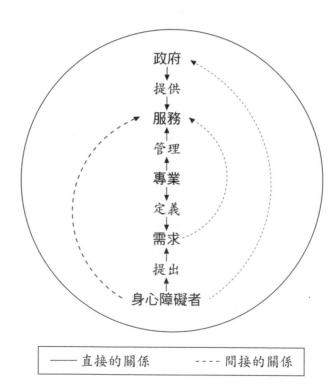

圖 7.1　需求與服務的關係

資料來源：M. Oliver, 1982: 57

區照顧法》認可了行政觀點，藉由引進準市場功能，將預算控制視為政府的首要任務。

人們不再挑戰自 1948 年以來奠定的基本福利原則，在 Roy Griffith 爵士的《行動綱領》報告書之後，對社區照顧的改革，已經將焦點放在政府與科層的結構關係，藉由購買者與提供者的切割，運用市場機制而不再是專業判斷來分配服務及控制預算。地方當局的社區照顧計畫嚴格地控制預算規模及支出，就是相信市場機制原則會控制住個別的實務工作者及管理者。問題是，這是否還能導向立基於社會模式發展的社會工作實務呢？

有些學者（如 Le Grand & Bartlett, 1993）指出這些改變是必要的，可以使福利事業更有效率及公平，但是，這些分析卻是由傳統的或個人模式對社會需求的成因之假設發展而來。Holman 清楚指出，根據新右派的意識型態所發展的制度必會失敗，且無量下跌：

> 新右派的政策無法挽回經濟，……他們儼然以神自居，個人的收穫與物質上的自私變成值得珍視的價值；反之，對弱勢者的同情、分享權力與分享物品卻一文不值。（Holman, 1993: 26）

這些論述說明了要促成一個支持身心障礙者社會模式的社會工作實務，勢必要改變現有福利結構的意識型態。

然而，新工黨政府認為福利只是針對遭遇風險的個人，比如短期失業的人們，而不是要徹底的改變制度，這就是立基於新右派的觀點，個人應該為自己的福利負責，只是由於全球化使然，企業需要彈性的就業市場，政府才偶爾出來支持一些失業者。政府要推廣

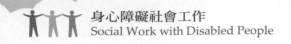

的似乎是：

> 利用修改津貼制度，讓身心障礙者融入有酬的勞動市場，並且
> 要徹底的改變勞動市場的運作，這些聽起來好像都是用社會模
> 式來解決身心障礙者失業的問題，不過當談到要如何執行時，
> 政府有兩個方法：第一是小規模的計畫，第二是個別身心障礙
> 者的就業安置。換言之，政府看起來好像同意問題不是身心障
> 礙者造成的，但解決的方法還是回到身心障礙者身上。（Oli-
> ver, 2004: 21）

當今的政府不只鎖定了身心障礙者，而且是慢慢的撤出服務，
而不是提供更多服務。

1996 年通過的《社區照顧（直接給付）法》是很重要的，雖然
它將市場法則發揮得淋漓盡致，但它將服務的購買權由政府手上移
轉到身心障礙者手上。此外，由於可以自我評估，身心障礙者可以
有機會決定什麼服務才是對自己最好的，以及這些服務可以達到什
麼目的。在此架構之下，社會工作者或許可以運用到社會模式，只
是他們似乎對於直接給付（CSCI, 2004）與個人化（Dunning,
2011）的選擇仍有一些抗拒。社會工作的任務應該是支持身心障礙
者評估需求與購買他們需要的服務，這當然會影響助人者與受助者
之間的關係，助人者將會是受雇者，而不是照顧者，長久下來，或
可改變社會對於受助者總是依賴者的觀念。

雖然，改變的潛在可能性是存在的，但仍取決於地方政府對需
求的評估，社會模式的運用也仍有一些限制。首先，要求身心障礙

者在還沒有真正被協助前，先要接受自己的障礙，等於對評估先有預設條件，也增強了個人模式的規範性假設。這個問題已被納入分析，並促使全國社會工作教育與訓練委員會（CCETSW）主張自我評估需求對於好的社會工作實務是很重要的（Stevens, 1991）。其次，繼續強調預算，恐會影響到地方政府在處理個人需求的決定時放棄控制的決心；在審視直接給付計畫時也發現地方政府是「上有政策、下有對策」，自有方法抗拒這個計畫原本想達成的目標。最後，社會工作者可能會以一種非參與式的方式仍堅持擔任評估者的角色，因為這是一個重要的權力展現。雖然 Barclay 的報告特別重視社會照顧計畫、社區社會工作及諮商，但是在地方政府部門，許多社會工作者的角色與任務就只是一個社會照顧行政人員，一個自己都受到威脅的專業，不太可能再去支持別人爭取權力。

圖 7.1 看起來很簡單，但另外有兩個很重要的層面：第一是提供服務之組織環境的重複性，第二是提供服務的人。Blaxter（1980）指出有太多組織在提供身心障礙者服務，而這些組織多半是大型、科層化且關係疏遠，所以也難以用個別化的方式處理個案的需求；此外，許多服務都有重疊之處，分工界線就模糊了，最後身心障礙者就在各部門間轉來轉去，回答著重複的問題，對於改善他們的生活品質卻一點幫助也沒有。

面對這些複雜與重複的服務，看來「協調」似乎是很重要的，不過真正的問題卻不在協調，而是如 Wilding（1982: 98）指出，這些服務根本都是依專業技巧發展出來，不是立基於案主的需求：

基於專業技術發展服務，是政策中專業權力的表現，但卻也是

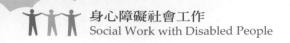

專業責任的敗筆，依據特定技術來組織服務，在專業上或許說得過去，但卻不一定符合案主需求或能召喚出潛在的案主。肢體障礙者在照顧與復健等多重的專業服務環境中，真正受苦的還是身心障礙者。

Finkelstein 也說問題不在於協調，而是專業角色的調整，專業必須從一個需求定義專家或服務分配者，轉變成一個身心障礙者能使用的資源：

一直以來，復健工作者對於專業界限以及所謂的專業「團隊工作」送有爭議，而只有所有的復健工作人力與設備能成為自我控制復健過程的資源時，這些爭端才會結束。（Finkelstein, 1981: 27）

Finkelstein（1999a, 1999b）呼籲專業應該放棄醫療觀點，而走入社區，社會工作者不再是現存服務的提供者，而是要融入身心障礙者的文化與政治中，在 Finkelstein 的觀點中，這才能真正促成身心障礙者想要的改變。Thompson（2002: 717）在分析身心障礙者運動的影響時，也呼籲要有徹底的改革：

在某些方面，這種使用者參與的運動已經發生影響，它們挑戰了長期以來專業者自視為專家、無所不知的想法。所謂的專業主義實在矛盾，它可能代表要求更高標準、要學習與發展、要有倫理的實務與可責性。由此觀之，專業應該與解放的實務相

容，並追求公平正義。然而，它也可能指的是菁英主義、一種主從的關係，這時可就不是追求公平正義了，……社會工作面對的挑戰應該是發展一種專業主義，接受並願意使用者共同參與，承諾公平與正義，也就是應是一種基於伙伴關係（partnership）的專業主義。

對於地方當局社會服務部的社會工作者而言，依據專業技術而發展服務，不但過於狹隘，且缺乏團隊工作的協調；更重要的是，他們工作的環境中缺乏執行身心障礙者工作的技巧與認知。Seebohm（Department of Health and Social Security, 1968）的報告並未創造出整合的部門，但創設了專業的兒童照顧部門，其中兒童的需求是由訓練有素的專業人員提供服務，至於其他需求及責任，則由沒有經過訓練的人員或福利助理員等來服務，或者再給越來越多受雇於社會服務部的職業治療師處理。社會工作任務小組與改革委員會（Social Work Task Force and Reform Board）都一致認為兒童照顧是優先要處理的項目，其他成人社會工作服務都要配合它。

就算不是優先項目，但是仍然會面對健康及社會福利機構中一大堆不同的專業人員，身心障礙者及其家庭主要的問題不只是會到哪一個機構，還有會碰到哪一個專業人員。而即使接觸到了專業人員，身心障礙者及其家人也不見得知道他們到底代表哪個機構，也不知道會不會提供服務。為了克服這個問題，已漸漸建立「指名提供服務」的措施。

不過，這樣也有問題，因為指名的人是否就是關鍵的工作人員，或者只是個名義上負責的人，如特教學校的校長。再者，這些

指名人員是否都有足夠的技巧與知識執行工作，而技巧與知識又與策略位置有關。在 Finkelstein 的自控復健原則中，身心障礙者就是最佳的指名人選與關鍵工作人員。專業人員的任務不應掠奪身心障礙者的關鍵位置，而應該和他們一起工作，以確保獲得應得的知識，這樣才能使「指名服務」的新專業，不會對專業人員的生涯結構、增加薪水及提升專業地位等產生威脅。

這種專業關係還帶來其他的一些問題，有些作者（McKnight, 1981; Davis, 2004）指出這個關係本身就有缺陷；其他人（Fox, 1974; Robinson, 1978; Gibbs, 2004; Harris, 2004; Priestley, 2004）則指出，專業定義的需求經常與身心障礙者自己的定義不同，當二者產生衝突時，身心障礙者的生活品質便無法提升。Scott 就說：

> 專業應該是用來幫助失能的人，如果他所面對的人不認為自己失能，那麼專家的專業就無用武之地了。因此不難了解專業的想法，認為唯有受傷而失能的人真正面對與接受「事實」了，復健與調適才會發生「效用」。（Scott, 1970: 280）

不只是要當事人接納自己的身心障礙，在評估需求與服務時，專業人員也會強加自己的定義於案主之上，當然有時並不成功，因此許多身心障礙者的需求雖是滿足了專業福利科層組織的定義，但卻無法獲得真正適合他們的服務。

由於有這麼龐大的組織壓力，隱身在福利制度的結構中，使得社會工作實務無法發展出社會模式所需要的基進取向：

社會模式對專業實務沒有任何實質影響，社會工作也無法符合
身心障礙者自己解釋的需求。二十年前（本書初版時），我就
預測如果社會工作不能隨著身心障礙者改變它的實務，最後很
可能就會消失……現在我可以宣告社會工作無法參與身心障礙
者的生命經驗，社會工作已死。（Oliver, 2004: 25）

從上述預言到今天，七年過去了，社會工作仍存活，但並未蓬
勃發展，只是死亡仍如影隨形，只有擁抱改變，用一種公民權的觀
點和身心障礙者站在一起，專業走進社區，才有起死回生的機會。
因此接下來，本章要談社會工作應用什麼策略，才能發展與身心障
礙者一起工作的實務，致力去除各種障礙。

第三節　社會工作的策略

雖然身心障礙社會工作的傳統角色已逝，專業社會工作仍可以
運用公民權取向繼續前進，但這仍取決於實務中的意識型態。立基
於專家模式，如醫療或法律的專業，往往忽略了服務對象的聲音與
經驗，他們是不可能改變福利國家和身心障礙者之間不平等與微弱
的關係。倫理守則如果仍立基於個人意識型態，也無助於共同對抗
社會性障礙，因為社會沒有考慮到個別差異去衡量每個人的價值。
真正需要的是專業主義能和身心障礙者一起來面對壓迫性的社會政
策，而不是單方面的為身心障礙者努力而已。如本書（原文書）上
一版時提到，社會工作的課程需要一些新的元素，貫穿本書發現，

189

對身心障礙者的個人化詮釋仍未有突破性改變，尚未朝向身心障礙者所面對的文化與社會障礙。上一版中提出的五點想法，今天仍依舊，對於未來的發展仍是重要基礎，分述如下。

第一，身心障礙者平等的訓練與身心障礙研究都應整合入社工教育中。平等訓練之所以重要，是因為依賴或失能者的負面假設已充斥在社會文化中。要訓練對抗社會障礙的社會工作者，不能只靠教科書，即使能充分了解壓迫的涵意，也會因為教科書充斥個人主義霸權而無法再有所突破。這在有關照顧者的辯論中已有蛛絲馬跡可循，當時提到機構式照顧的前提假設，就是以一種無關性別的方式，去解決依賴的問題（Finch, 1984）。這些論述的結構源自於婦女壓迫議題的政治化及意識覺醒，雖然這樣的理論化可以轉換到其他議題，如種族主義及同性戀，但個人模式的威力強到即使政治意識最強的人，也無法將其理解移轉到對失能者的壓迫上。對抗障礙不只是主張平等權利，更是要挑戰正常的基本概念，就如 Jenny Morris 所說：

> 我認為這是對整個社會最根本的挑戰，其帶來的改變必然也是特別的，包括人們對自己及對身心障礙者的想法，這是非常非常重要的，也會徹底的改變社會。（引述自 Campbell & Oliver, 1996: 139）

社會工作中意識覺醒的課程，不應只著重在實務及學生等個人的層次上，更應提升及落實在為社會工作學位設計之課程的文化假設中。雖然「正常與偏差」已經包含在人類成長與發展的研究中，

而被納入課程綱要，但就算一再強調反壓迫實務的社會模式，社會工作教育仍充斥著身心障礙的個人模式。

　　意識覺醒固然重要，但仍不足以形成社會工作實務，社會工作者還需要了解身心障礙的社會模式，是可以影響福利體系中的實務者與管理者的行動，而這些人往往就是壓迫者。社會工作實務如果不能融入社會模式，將無法進步，這絕不只是一種學術上的辯論，因為我們確實看到了在個人模式中，服務提供者完全忽略對身心障礙兒童與成人的虐待。其次，只對有興趣的人才給予這方面的指導，也是不足的，應該將身心障礙的平等訓練擴及所有社會工作者及其管理者，同時應了解專家的角色是複雜的，也不應被犧牲。身心障礙研究應融入社會工作教育與繼續專業發展的主要課程中，和兒童研究一樣，都是社會工作學位應修習的內容。

　　身心障礙研究協會在 2003 年的開幕會議中表示（Disability Studies Association, 2003）：

　　身心障礙研究關心的是漸漸擴增的知識與實務中，跨學科的發展，這是身心障礙者的運動所帶動，也就是我們所知的社會模式。此一模式建立了身心障礙不同的特性，它是導致不公平的一個面向，嵌入社會經濟結構與社會的文化中，因此絕對不只是一種個人限制而已。

　　身心障礙研究希望提升下列相關的教學、研究與學術發展：
　　● 分析身心障礙以及因為障礙而被社會排除的結果。
　　● 為了建立包容的社會，應確認與發展社會與政策徹底變遷的

策略，身心障礙者應充分參與，並能與非身心障礙者有一樣的權利。

目前，英國只有很少的社工學位有教授身心障礙研究，在研究所中也很少社會工作者以身心障礙為研究主題。因此，儘管有許多身心障礙研究學術與研究者發展了知識基礎與實務策略，可用以改善身心障礙者的生活，但對社會工作實務的影響仍很有限（Harris, 2003）。結果，社會工作者仍持續將案主送進機構或護理之家，管理者也繼續將大筆預算用在這些不必要的服務上，地方政府也繼續反應服務對象所需服務的預算不足。如果社會工作者和管理者要有所改變，一定要先從改變教育開始。

第二，社會工作者和社會服務機構，都應充分支持促進獨立生活的計畫，尤其是直接給付。有證據顯示，有些社會工作者認為選擇直接給付的人就是退出了集體社會福利制度（Sapey & Pearson, 2002），因此認為這種人不再需要協助了；也有些社會工作者會阻礙身心障礙者選擇直接給付，因為他們認為這樣等於吃掉社會工作的預算，如果無法阻止身心障礙者成功申請，就會試著在使用直接給付時設下一些限制，這些合格的指標真的就成為阻礙了。

社會工作者與管理人員應該改變心態，將直接給付視為集體取向中的一部分，可以提供個人助理服務，如能執行這個計畫，是有助於促進身心障礙者獨立生活，參與主流的社會與經驗生活（Priestley, 1999）。

第三，最容易引起爭議的部分就是需求評估，雖然地方政府有最後的決定權，但是如何詮釋需求評估，永遠是個問題。在前面章

節我們已討論過，並提出在社會模式下各種執行評估的策略，核心之處就是充權與自我評估。不過，同時需要的是社會工作者在支持個別身心障礙者參與及定義自己的需求時，要採取一種「決定性倡導」（determined advocacy）的角色。

決定性倡導不僅要判斷申請項目是否符合一般標準，更應毫無保留地倡導評估。這絕不是損毀任何專業判斷，也不是要干預個人的事務，而是這些建議與經驗都具有協助身心障礙者發展自我評估策略的重要價值。社會工作者的角色不是成為身心障礙者獨立生活的另一個障礙，而是要促成與協助。

第四是身心障礙社會工作實務的諮商角色。社會工作者常爭議這不是他們的任務，有些人則認為這是一種他們真正擁有的治療技巧，也有人說這是非常專業的行動，不是福利行政，兩者都各有說詞。支持諮商實務的人認為社會工作不只是管理服務的輸送，也要協助在生活領域中無法展現潛力的人。因此，諮商是一個有用的技巧，一方面提升個人的意識，另一方面可以協助人們了解他們行動的意義。

反對者則認為，由於社會工作者在福利體系的權力結構占有的位置，如果要使案主充分參與，則不應該運用這種會使行動模糊化的技巧，因為諮商是一種操弄的技巧，或者應該與服務的提供明確區隔才對。上述兩種論述多多少少都是個人模式主導，要不就是將諮商用來界定人的障礙，要不就是面對人們申請物質資源時的一種不適當反應；然而從社會模式的觀點，更應該評估諮商用以去除障礙的效用。有一些研究對於社會模式實務中諮商的構成，結論如下：

對肢體障礙者諮商的焦點通常是使案主重獲自控權，或經由實務、情緒及社會的方法而充權，而這通常是身心障礙者的困難之處，尤其是和醫療人員或其他專業者、家庭與整個社會互動時最痛苦的經驗。因此身心障礙者在某些情境中，希望有人幫忙，而有時專業人員或者家庭成員往往會取而代之，替身心障礙者做決定了。這種無法自控的局面，有時對身心障礙者是一種情緒上的難堪，這種失去自尊、信心低落及自覺無用的感覺更加清晰。（Oliver, 1995: 275）

因此諮商在失能者面對障礙時，是一個很有效及必要的功能，雖然對想取得非福利範圍內之資源的人來說，社會工作者是可以拒絕諮商，但是完全不做諮商服務也會矯枉過正。

第五，我們應該重新檢視社區照顧中社區社會工作的角色。照顧管理的發展多少抵消了社會工作的基進行動、供給服務的規範及程序逐漸建立，再加上社會工作者在這種工具性活動中合法性角色的限制，使他們原本就不受爭議的角色更加限縮。在地方政府中，社會工作看似只是一種純行政工作，甚至可以合法地由受過其他訓練的人所取代，但這似乎是目前身心障礙者服務或福利的組織都可以接受的事實，整個制度沒有什麼需要改變的。

社區社會工作一直是在社區中深耕，且和社區一起努力，使居民了解他們在福利國家中應得到的福利給付，這種倡導及發展的角色，正是社會工作要重新喚回的。對抗外在的障礙是一種集體行動，因此解答也應該是社會性而不是個別性的。如果社會工作要有效地結盟抗爭，並對現有的福利政策發揮影響力，那麼就應從和身

心障礙者結盟開始。就如 Finkelstein 的說法，專業應與社區站在一起（Finkelstein, 1999a, 1999b）。個別的身心障礙者對這種發展是陌生的，社會工作者可以幫助他們了解問題的集體性，社會工作者也可以和他們一起努力，或支持獨立生活中心的發展。社會工作者也可以協助身心障礙者組織，延續著專業型組織的腳步，讓他們的聲音有表達的機會，並且被聽見。

　　要把社會模型式的社會工作任務一一列出，試圖重製照顧管理的工具性，是不可能也不正確的。本書所強調的議題是很明顯的，也是當務之急，應為專業組織、教育提供者及主要雇主所重視，只有一再檢視社會模式對社會政策結構、福利系統的管理及社會工作實務的分析，才能形成工作的方法，將身心障礙者視為公民而非案主，而進行有意義的工作。

章節回顧

- 本書首次出版時，是期盼身心障礙的社會模式能建構出有效的身心障礙社會工作。
- 由於經濟與社會變遷，加上社會工作專業領導並無企圖，使原先的期盼沒有發生。
- 立基於社會模式而出現的強烈且高度承諾的身心障礙者運動，代表使能（enabling）專業實務仍然堅守這個議題。
- 由於身心障礙的個人模式根深柢固，因此當前的實務不可能將身心障礙者視為一個公民般的看待。
- 福利的公民權取向希望徹底改變身心障礙者和國家之間的關係，同時，福利的行政人員也要徹底改變。

- 我們希望本書能帶動這些改變，真正了解與接受需要改變的社會工作者，未來將一起參與身心障礙者爭取權益的行動。

反思

Oliver（2004: 25）曾說：「從社會工作者參與身心障礙者生活的程度來看，我們幾乎可以宣布社會工作已死。」請檢驗你所參與的社會工作課程，探討它們是否是和身心障礙者站在一起。你認為有什麼額外的知識或技巧是需要的，而過去或目前都還未納入課程中。完成這個期末習題，你應該確認自己專業發展上的基礎為何。

延伸閱讀

- Oliver, M., & Barnes, C. (2012). *The New Politics of Disablement* (Basingstoke: Palgrave Macmillan).
- Breakthrough UK 是一個身心障礙者組織，執行有關社會模式的研究與諮詢，網址：http://www.breakthourgh-uk.co.uk
- Centre for Disability Research, Lancaster University 自 2003 年起主辦國際身心障礙研究會議，許多在會中發表的文章都可於以下網站中搜尋：http://www.lancs.ac.uk/cedr
- Disability Studies Archive 珍藏許多他處無法搜尋到的文獻，網址：http://www.leeds.ac.uk/disability-studies/archiveuk/index.html

ADASS (Association of Directors of Adult Social Services) (2009) *Social Work Task Force Call for Evidence: Response from the Association of Directors of Adult Social Services*. www.adass.org.uk/images/stories/ADASS%20Sumbission%20to%20the%20Social%20Work%20Task force%201.6.09.pdf.

ADASS/Department of Health (2010) *The Future of Social Work in Adult Services*. www.dh.gov.uk/prod_consum_dh/groups/dh_digitalassets/@dh/@en/@ps/documents/digitalasset/dh_114572.pdf.

Ahmad, W. (ed.) (2000) *Ethnicity, Disability and Chronic Illness*, Buckingham: Open University Press.

Albrecht, G. and Levy, J. (1981) 'Constructing Disabilities as Social problems', in G. Albrecht (ed.), *Cross National Rehabilitation Policies: A Sociological Perspective*, Beverly Hills: Sage.

Aldridge, J. and Becker, S. (1996) 'Disability Rights and the Denial of Young Carers: the Dangers of Zero-sum Arguments', *Critical Social Policy*, 16(3) pp. 55–76.

Allen, C., Milner, J. and Price, D. (2002) *Home is Where the Start Is*, Bristol: Policy Press.

Audit Commission (1986) *Making a Reality of Community Care*, London: HMSO.

Avante Consultancy (2006) *On Safe Ground – LGBT Disabled People and Community Groups*. www.leeds.ac.uk/disability-studies/archiveuk/advante/On%20Safe%20Ground%20-%20lgbt%20disabled%20people%20and%20community%20groups%85.pdf.

Avery, D. (1997) Message to disability research discussion group, RE: age onset of disability, 9th June: disability-research@mailbase.ac.uk.

Bailey, R. and Lee, P. (ed.) (1982) *Theory and Practice in Social Work*, Oxford: Blackwell.

Baistow, K. (1995) 'Liberation and Regulation? Some paradoxes of empowerment', *Critical Social Policy*, Issue 42, pp. 34–46.

Barnes, C. (1991) *Disabled People in Britain and Discrimination. A Case for Anti-Discrimination Legislation*, London: Hurst & Company.

Barnes, C., Jolly, D., Mercer, G., Pearson, C., Priestley, M. and Riddell, S. (2004) 'Developing Direct Payments: A Review of Policy Development in the UK', Paper at the Disability Studies: Putting Theory into Practice conference, Lancaster University, 26–28 July. http://www.lancs.

ac.uk/fass/events/disabilityconference_archive/2004/papers/jolly_pearson2004.pdf.

Barnes, C. and Mercer, G. (eds) (2004) *Implementing the Social Model of Disability: Theory and Research*, Leeds: The Disability Press.

Barnes, C., Mercer, G. and Morgan, H. (2001) *Creating Independent Futures: An Evaluation of Services Led by Disabled People Stage 3 Report*, Leeds: The Disability Press.

Barton, R. (1959) *Institutional Neurosis*, London: John Wright. http://contents.bjdd.net/oldPDFs/12_37to44.pdf.

BASW (British Association of Social Workers) (1982) *Guidelines for Social Work with the Disabled, Draft Paper*, London: BASW.

BASW (British Association of Social Workers) (1990) *Managing Care: The Social Work Task*, London: BASW.

BCODP (1987) Disabled People: Looking at Housing (Derbyshire: BCODP) www.leeds.ac.uk/disability-studies/archiveuk/BCODP/British%20Council%20of%20Organisations.pdf.

Beardshaw, V. (1993) ''Conductive Education: A Rejoinder', in J. Swain, V. Finkelstein, S. French and M. Oliver (eds) *Disabling Barriers – Enabling Environments*, London: Sage.

Begum, N., Hill, M. and Stevens, A. (eds) (1994) *Reflections: The Views of Black Disabled People on their Lives and on Community Care*, London: CCETSW.

Bell, L. and Klemz, A. (1981) *Physical Handicap*, Harlow: Longman.

Bennett, E. (2009) *What Makes my Family Stronger – A Report into What Makes Families with Disabled Children Stronger – Socially, Emotionally and Practically*, London: Contact a Family.

Beresford, P. (2004) 'Social Work and a Social Model of Madness and Distress: Developing a Viable Role for the Future', *Social Work & Social Sciences Review*, 12(2) pp. 59–73.

Blackburn, C. M., Spencer, N. J. and Read, J. M. (2010) 'Prevalence of Childhood Disability and the Characteristics and Circumstances of Disabled Children in the UK: Secondary Analysis of the Family Resources Survey', School of Health and Social Studies, University of Warwick. www.biomedcentral.com/content/pdf/1471-2431-10-21.pdf.

Blaxter, M. (1980) *The Meaning of Disability*, 2nd edn, London: Heinemann.

Blunden, R. and Ash, A. (2007) *No Place Like Home: Ordinary Residence, Discrimination and Disabled People*, London: VODG.

Booth, T. (1992) *Reasons for Admission to Part III Residential Homes*, London: National Council of Domiciliary Care Services.

Borsay, A. (2005) *Disability and Social Policy in Britain since 1750*, Basingstoke: Palgrave Macmillan.

Boswell, D. M. and Wingrove, J. M. (eds) (1974) *The Handicapped Person in the Community*, London: Tavistock.

Braye, S. and Preston-Shoot, M. (1997) *Practising Social Work Law*, 2nd edn, Basingstoke: Macmillan.

Brechin, A. and Liddiard, P. (1981) *Look at this Way: New Perspectives in Rehabilitation*, London: Hodder & Stoughton.

British Institute of Human Rights (2011*) Our Human Rights Stories*: 'Using The Human Rights Act to Challenge Adequate Community Care Services'. www.ourhumanrightsstories.org.uk/case-study/using-human-rights-act-challenge-failure-provide-adequate-community-care-services.

British Medical Association (2010) 'Responding to Patient Requests Relating to Assisted Suicide: Guidance for Doctors in England, Wales and Northern Ireland', www.bma.org.uk/images/assistedsuicide guidancejuly2010_tcm41-198675.pdf.

Brown, H. and Craft, A. (eds) (1989) *Thinking the Unthinkable: Papers on Sexual Abuse and People with Learning Difficulties*, London: Family Planning Association.

Brown, H. (2003) Safeguarding adults and children with disabilities against abuse, Strasbourg: Council of Europe.

Buckle, J. (1971) *Work and Housing of Impaired People in Great Britain*, London: HMSO.

Buckner, L. and Yeandle, S. (2007) *Valuing Carers – Calculating the Value of Unpaid Care*, London: Carers UK.

Burleigh, M. (1996) 'Spending Lives: Psychiatry, Society and the 'Euthanasia' Programme', in M. Burleigh (ed.) *Confronting the Nazi Past*, London: Collins & Brown.

Burleigh, M. (2000) *The Third Reich: A New History*, Basingstoke: Macmillan.

Bury, M. (1996) 'Defining and Researching Disability: Challenges and Responses', in C. Barnes and G. Mercer (eds) *Exploring the Divide: Illness and Disability*, Leeds: The Disability Press.

Campbell, J. (2003) *Assisted Dying and Human Value*, Select Committee on the Assisted Dying for the Terminally Ill Bill [HL], www.leeds.ac.uk/disability-studies/archiveuk/Campbell/assisted dying.pdf.

Campbell, J. and Oliver, M. (eds) (1996) *Disability Politics*, London: Routledge.

Care Quality Commission (2010) www.cqc.org.uk/newsandevents/news stories.cfm?widCall1=customWidgets.content_view_1&cit_id=35862.

Cavet, J. (1999) *People Don't Understand: Children, Young People and their Families Living with a Hidden Disability*, London: National Children's Bureau.

CCETSW (Central Council for Education and Training in Social Work) (1974) *Social Work: People with Handicaps Need Better Trained Workers*, London: CCETSW.

CCETSW (Central Council for Education and Training in Social Work) (1989) *Requirements and Regulations for the Diploma in Social Work*, London: CCETSW.

Chief Inspectors (2005) *Safeguarding Children: The Second Joint Chief Inspectors' Report on Arrangements to Safeguard Children*, London: Commission for Social Care Inspection.

Chief Inspectors (2008) *Safeguarding Children, The THIRD joint Chief Inspectors' Report on Arrangements to Safeguard Children*, London: Commission for Social Care Inspection.

Children's Act (1989) www.legislation.gov.uk/ukpga/1989/41/contents.

Clark, F. le Gros (1969) *Blinded in War: A Model for the Welfare of all Handicapped People*, London: Wayland.

Clarke, H. and McKay, S. (2008) 'Exploring Disability, Family Formation and Break-up: Reviewing the Evidence', Research Report No 514, London: DWP) http://research.dwp.gov.uk/asd/asd5/rports2007-2008/rrep514.pdf.

Clark, L. (2006) 'A Comparative Study on the Effects of Community Care – Charging Policies for Personal Assistance Users', unpublished MA dissertation.

Clements, L. and Read, J. (2003) *Disabled People and European Human Rights*, Bristol: Policy Press.

Crawford, K. and Walker, J. (2008) *Social Work with Older People*, Exeter: Learning Matters Ltd.

Croft, S. (1986) 'Women, Caring and the Recasting Of need – A Feminist Reappraisal', *Critical Social Policy*, 16, pp. 23–39.

Crow, L. (1996) 'Including All of Our Lives: Renewing the Social Model of Disability', in C. Barnes and G. Mercer (eds) *Exploring the Divide*, Leeds: The Disability Press.

Crow, L. (2010) 'Resistance – which way the future?', *Coalition*, January, Manchester: Manchester Coalition of Disabled People.

Crown Prosecution Service (2006) *Guidance on Prosecuting Cases of Disability Hate Crime*, London: CPS. www.cps.gov.uk/publications/docs/disability_hate_crime_guidance.pdf.

Crown Prosecution Service (2010) Policy for Prosecutors in Respect of Cases of Encouraging or Assisting Suicide. www.cps.gov.uk/publications/prosecution/assisted_suicide_policy.html.

CSCI (Commission for Social Care Inspection) (2009) *The State of Social Care in England 2007–08*. http://webarchive.nationalarchives.gov.uk/20100611090857/www.cqc.org.uk/_db/_documents/SOSC08%20Report%2008_Web.pdf.

Dalley, G. (1996) *Ideologies of Caring*, London: Macmillan.

Davey, V. *et al*. (2007) *Direct Payments: A National Survey of Direct Payments Policy and Practice*, London: Personal Social Services Research Unit, London School of Economics and Political Science.

Davis, K. (1981) '28–38 Grove Road: Accommodation and Care in a Community Setting', in A. Brechin, P. Liddiard and J. Swain (eds) *Handicap in a Social World*, London: Hodder & Stoughton.

Davis, K. (1984) *Notes on the development of the Derbyshire Centre for Integrated Living*. www.leeds.ac.uk/disability-studies/archiveuk/DavisK/earlydcil.pdf.

Davis, K. (1990) 'A Social Barriers Model of Disability: Theory into Practice: The Emergence of the "Seven Needs"', Paper prepared for the Derbyshire Coalition of Disabled People: February, 1990. www.leeds.ac.uk/disability-studies/archiveuk/DavisK/davis-social%20barriers.pdf.

Davis, K. (2004) 'The Crafting of Good Clients' in J. Swain, S. French, C. Barnes and C. Thomas (eds) *Disabling Barriers – Enabling Environments*, 2nd edition, London: Sage.

Dawson, C. (2000) *Independent Success: Implementing Direct Payments*, York: Joseph Rowntree Foundation.

Department for Education and Skills (2001) Special Educational Needs Code of Practice http://media.education.gov.uk/assets/files/pdf/s/sen%20code%20of%20practice.pdf.

Department for Education (2007) *Aiming High for Disabled Children: Better Support for Families*. www.education.gov.uk/childrenandyoungpeople/sen/ahdc/b0070490/aiming-high-for-disabled-children-ahdc.

Department for Education (2010a) *Children with Special Educational Needs 2010: An Analysis 19 October 2010*. www.education.gov.uk/rsgateway/DB/STA/t000965/osr25-2010.pdf.

Department for Education (2010b) *Building a Safe and Confident Future: One Year On – Detailed Proposals from the Social Work Reform Board*. www.education.gov.uk/publications/standard/publicationDetail/Page1/DFE-00602-2010.

Department for Education (2011a) *Support and Aspiration: A New Approach to Special Educational Needs and Disability*. www.education.gov.uk/publications/eOrderingDownload/Green-Paper-SEN.pdf.

Department for Education (2011b) *Short Breaks for carers of Disabled Children Advice for Local Authorities.* http://media.education.gov.uk/assets/files/pdf/s/short%20breaks%20-%20advice%20for%20local%20authorities.pdf.

Department of Health and Social Security (1968) *Report of the Committee on Local Authority and Allied Social Services*, Seebohm Report, London: HMSO.

Department of Health (1998) *Modernising Social Services: Promoting Independence, Improving Protection, Raising Standards*, London: Department of Health.

Department of Health (1989) *Caring for People – Community Care in the Next Decade and Beyond*, London: HMSO.

Department of Health (2000) *A Quality Strategy for Social Care*, London: Department of Health.

Department of Health (2002) *Requirements for Social Work Training*, London: Department of Health.

Department of Health (2003) *Fair Access to Care Services*, London: Department of Health) www.dh.gov.uk/prod_consum_dh/groups/dh_digitalassets/@dh/@en/documents/digitalasset/dh_4019641.pdf.

Department of Health (2006) *White Paper, Our Health Our Care Our Say.* http://webarchive.nationalarchives.gov.uk/+/www.dh.gov.uk/en/Publicationsandstatistics/Publications/PublicationsPolicyAndGuidance/DH_4127453.

Department of Health (2007) *Putting People First.* www.dh.gov.uk/en/Publicationsandstatistics/Publications/PublicationsPolicyAndGuidance/DH_081118.

Department of Health (2008) *Putting People First – Transforming Adult Social Care.* www.dh.gov.uk/en/Publicationsandstatistics/Lettersand circulars/LocalAuthorityCirculars/DH_081934.

Department of Health (2010a) Prioritising need in the context of *Putting People First*: A whole system approach to eligibility for social care *Guidance on Eligibility Criteria for Adult Social Care, England 2010* Ch. 3 p. 11 www.dh.gov.uk/prod_consum_dh/groups/dh_digitalassets/@dh/@en/@ps/documents/digitalasset/dh_113155.pdf.

Department of Health (2010b) *Practical Approaches to Co-production.* www.dh.gov.uk/prod_consum_dh/groups/dh_digitalassets/@dh/@en/@ps/documents/digitalasset/dh_121669.pdf.

Department of Health (2010c) 'Equity and Excellence: Liberating the NHS' http://www.dh.gov.uk/prod_consum_dh/groups/dh_digitalassets/@dh/@en/@ps/documents/digitalasset/dh_117794.pdf.

Department for Work and Pensions (2010) 'About the ILF'. www.dwp.gov.uk/ilf/about-ilf/.

Department for Work and Pensions (2011) Welfare Reform Bill. www.dwp.gov.uk/policy/welfare-reform/legislation-and-key-documents/welfare-reform-bill-2011/index.shtml#main.

Despouy, L. (1993) *Human Rights and Disability*, New York: United Nations Economic and Social Council.

Direct Gov (2010) 'Support for Disabled Parents'. www.direct.gov.uk/en/DisabledPeople/Disabledparents/DG_10037844.

Disability Now, (2010) The Hate Crime Dossier webpage. http://www.disabilitynow.org.uk/the-hate-crime-dossier?searchterm=hate+crime.

Disability Discrimination (undated) www.disability.discrimination.com/pages/home/disability-discrimination-law/the-meaning-of-disability.php.

Disability Rights Commission (2006) *Whose Risk is it Anyway?* http://www.leeds.ac.uk/disability-studies/archiveuk/DRC/DD_Risk_Paper.pdf.

Disability Studies Association (2003) *2003 Conference Archive Home* www.lancs.ac.uk/fass/events/disabilityconference_archive/2003/.

Doyal, L. (1980) *The Political Economy of Health*, London: Pluto Press.

Dunning, J. (2011) 'Bureaucracy is Damaging Personalisation, Social Workers Say'. Community Care (online), 25 May. www.communitycare.co.uk/Articles/2011/05/25/116867/bureaucracy-is-damaging-personalisation-social-workers-say.htm.

Ellis, K. (1993) *Squaring the Circle: user and carer participation in needs assessment*, York: Joseph Rowntree Foundation.

Ermish, J. and Murphy, M. (2006) *Changing Household and Family Structures and Complex Living Arrangements*, Swindon: ESRC.

Equality and Human Rights Commission (EHRC) (2010) *The Essential Guide to the Public Sector Equality Duty*. www.equalityhumanrights.com/uploaded_files/EqualityAct/PSED/essential_guide_guidance.pdf.

Equality and Human Rights Commission (EHRC) (2011) *Respect for Your Family and Private Life*. www.equalityhumanrights.com/human-rights/what-are-human-rights/the-human-rights-act/respect-for-your-private-and-family-life/.

Equal Opportunities Commission (1982) *Caring for the Elderly and Handicapped*, London: Equal Opportunities Commission.

Evans, A. MP (1947) 'National Assistance Act debate', Hansard, 24 November 1947. http://hansard.millbanksystems.com/commons/1947/nov/24/national-assistance-bill.

Evans, A. MP quoted in Silburn, R. (1983) 'Social Assistance and Social Welfare: the Legacy of the Poor Law', in P. Bean and S. MacPherson (eds), *Approaches to Welfare*, London: Routledge & Kegan Paul.

Evans, J. (2002) *Independent Living Movement in the UK.* www.leeds.ac.uk/disability-studies/archiveuk/evans/Version %202%20Independent%20Living%20Movement%20in%20the%20 UK.pdf.

Evans, J. (2006) 'The Importance of CILs In Our Movement', presentation at the Puerta Valencia Hotel, 2 November 2006, http://www.leeds. ac.uk/disability-studies/archiveuk/evans/Valencia%20CIL%20 Presentation%20john.pdf.

Felce, D. and Perry, J. (1997) 'Quality of Life: The Scope of the Term and its Breadth of Measurement', in R. Brown, R. (ed.) *Quality of Life for People with Disabilities*, 2nd edn, Cheltenham: Stanley Thornes Publishers Ltd.

Fiedler, B. (1988) *Living Options Lottery*, London: King's Fund Centre.

Fiedler, B. (1991) *Tracking Success: Testing Services for People with Severe Physical and Sensory Disabilities*, London: King's Fund Centre.

Finch, J. (1984) 'Community Care: developing non-sexist alternatives', in *Critical Social Policy*, 9, pp. 6–18.

Fine, A. and Ache, M. (eds) (1988) *Women with Disabilities*, Philadelphia: Temple University Press.

Finkelstein, V. (1972) *The Psychology of Disability* (print version from original audio tape transcript of talk). www.leeds.ac.uk/disability-studies/archiveuk/finkelstein/01%20-%20Talk%20to%20GPs.pdf.

Finkelstein, V. (1980) *Attitudes and Disabled People: Issues for Discussion*, New York: World Rehabilitation Fund.

Finkelstein, V. (1981) *Disability and professional attitudes.* RADAR (1981) Conference Proceedings. NAIDEX '81 21–24 October 1981. http://www.leeds.ac.uk/disability-studies/archiveuk/finkelstein/ Professional%20Attitudes.pdf.

Finkelstein, V. (1991) 'Disability: An Administrative Challenge? (The Health and Welfare Heritage)', in M. Oliver (ed.) *Social Work Disabled People and Disabling Environments*, London: Jessica Kingsley.

Finkelstein, V. (1999a) *Professions Allied to the Community (PACs)*, [http://www.leeds.ac.uk/disability-studies/archiveuk/index.html].

Finkelstein, V. (1999b) *Professions Allied to the Community: The Disabled People's Trade Union*, http://www.leeds.ac.uk/disability-studies/ archiveuk/index.html.

Finkelstein, V. and Stuart, O. (1996) 'Developing new services', in G. Hales (ed.), *Beyond Disability*, London: Sage.

Fox, A. M. (1974) *They get this training but they don't really know how you feel*, London: RADAR.

Friedlander, H. (1995) The Origins of Nazi Genocide from Euthanasia to the Final Solution, Chapel Hill: University of North Carolina Press.

Freire, P. (1972) *Pedagogy of the Oppressed*, Harmondsworth: Penguin.

Froggett, L. and Sapey, B. (1997) 'Communication, Culture and Competence in Social Work Education', *Social Work Education*, 16(1) pp. 41–53.

Gallagher, H. (1990) *By Trust Betrayed, Patients Physicians and the Licence to Kill in the Third Reich*, New York: Henry Holt.

General Social Care Council (GSCC) (2005) *Specialist Standards and Requirements (Adult Services)*, London: GSCC.

General Social Care Council (GSCC) (2008) *Social Work at Its Best – A Statement of Social Work Roles and Tasks for the 21st Century*. http://www.gscc.org.uk/cmsFiles/Policy/Roles%20and%20Tasks.PDF.

Gibbs, D. (2004) 'Social Model Services: an oxymoron?' in, C. Barnes and G. Mercer (eds) *Disability Policy and Practice: Applying the Social Model*, Leeds: The Disability Press.

Gibson, S. (2006) 'Beyond a "culture of silence": inclusive education and the liberation of "voice". *Disability and Society* 21(4) pp. 315–29.

Glasby, J. and Littlechild, R. (2009) *Direct Payments and Personal Budgets: Putting Personalisation into Practice*, Bristol: Policy Press.

Gleeson, B. (1999) *Geographies of Disability*, London: Routledge.

Goffman, E. (1961) *Asylums*, New York: Doubleday.

Gooding, C. (1996) *Blackstone's Guide to the Disability Discrimination Act 1995*, London: Blackstone Press.

Gooding, C. (2003) 'The Disability Discrimination Act: Winners and Losers', paper presented at *Working Futures* seminar, University of Sunderland, 3–5 December.

Goodinge, S. (2000) *A Jigsaw of Services: Inspection of services to support disabled parents in their parenting role*, London: Department of Health.

Griffiths, M. (2006) 'Sex: Should We All Be At It?' Sociology Dissertation University of Leeds, www.leeds.ac.uk/disability-studies/archiveuk/griffiths/dissertation.pdf.

Griffiths, R. (1988) *Community Care: Agenda for Action*, London: HMSO.

Guelke, J. (2003) 'Road-kill on the Information Highway: Repetitive Strain Injury in the Academy', *The Canadian Geographer*, 47(4) pp. 386–99.

Hanks, J. and Hanks, L. (1980) 'The Physically Handicapped in Certain Non-occidental Societies', in W. Phillips and J. Rosenberg (eds) *Social Scientists and the Physically Handicapped*, London: Arno Press.

Hanvey, C. (1981) *Social Work with Mentally Handicapped People*, London: Heinemann.

Harris, A. (1971) *Handicapped and Impaired in Great Britain*, London: HMSO.

Harris, J. (1995) *The Cultural Meaning of Deafness*, Aldershot: Averbury.

Harris, J. (1997) *Deafness and The Hearing*, Birmingham: Venture Press.

Harris, J. (2003) 'Ostrich Politics: Exploring the Place of Social Care in Disability Studies', paper presented at the Disability Studies: Theory, Policy and Practice conference, Lancaster University, September 4–6. http://www.lancs.ac.uk/fass/events/disabilityconference_archive/2003/papers/harris2003.pdf.

Harris, J. (2004) 'Incorporating the Social Model into Outcome-Focused Social Care Practice with Disabled People', in C. Barnes and G. Mercer (eds) *Disability Policy and Practice: Applying the Social Model*, Leeds: The Disability Press.

Hemingway, L. (2011) *Disabled People and Housing: Choices, Opportunities and Barriers*, Bristol: Policy Press.

Holdsworth, L. (1991) *Empowerment Social Work with Physically Disabled People*, Norwich: Social Work Monographs.

Holman, B. (1993) *A New Deal for Social Welfare*, Oxford: Lion.

Howe, D. (1987) *An Introduction to Social Work Theory*, Aldershot: Wildwood House.

Hunter S. and Ritchie P. (eds) (2007) *Co-production and Personalization in Social Care*, London: Jessica Kingsley.

iese (2011) Care Funding Calculator. www.southeastiep.gov.uk.

Illich, I. (1975) *Medical Nemesis: The Expropriation of Health*, London: Marion Boyars.

Imrie, R. (2003) *The Impact of Part M on the Design of New Housing*, Egham: Royal Holloway University of London.

Integration alliance (1992) *The Inclusive Education System: A National Policy for Fully Integrated Education*. www.leeds.ac.uk/disability-studies/archiveuk/integration%20alliance/inclusive%20ed%20system.pdf.

IPPR (2007) *DISABILITY 2020: Opportunities for the full and equal citizenship of disabled people in Britain in 2020*, London: IPPR.

Jacques, M. (1997) 'Les enfants de Marx et de Coca-Cola', *New Statesman*, 28 November, pp. 34–6.

Kanter, A. (2007) 'The Promise and Challenge of the United Nations Convention on the rights of Persons with Disabilities', *Syracuse Journal of International Law and Commerce*, 34(2), pp. 287–322.

Katbamna, S., Bhakta, P. and Parker, G. (2000) 'Perceptions of disability and care-giving relationships in South Asian communities', in W. Ahmad (ed.) *Ethnicity, Disability and Chronic Illness*, Buckingham: Open University Press.

Keith, L. and Morris, J. (1995) 'Easy Targets: A Disability Rights Perspective on the "Children as Carers" Debate', *Critical Social Policy*, 15(2/3) pp. 36–57.

Kelly, L. (1992) 'The Connections between Disability and Child Abuse: A Review of the Research Evidence', *Child Abuse Review*, 1(3) pp. 157–67.

Kennedy, M. (1989) 'The Abuse of Deaf Children', *Child Abuse Review*, 3(1), pp. 3–7.

Kitson, D. and Clawson, R. (2007) 'Safeguarding Children with Disabilities', in K. Wilson and A. James (eds) *The Child Protection Handbook*, 3rd edn, London: Elsevier.

Kuhn, T. (1962) *The Structure of Scientific Revolutions*, Chicago: University of Chicago Press.

Langan, M. (1990) 'Community Care in the 1990s: the Community Care White Paper: "Caring for People"', *Critical Social Policy*, Issue 29, pp. 58–70.

Lago, C. and Smith, B. (eds) (2003) *Anti-discriminatory Counselling Practice*, London: Sage.

Law Commission (2011) *Adult Social Care: Presented to Parliament pursuant to section 3(2) of the Law Commissions Act 1965*. Law Com No 326. www.justice.gov.uk/lawcommission/docs/lc326_adult_social_care.pdf.

Le Grand, J. and Bartlett, W. (eds.) (1993) *Quasi-Markets and Social Policy*, Basingstoke: Macmillan.

Lenney, M. and Sercombe, H. (2002) ' "Did You See That Guy in the Wheelchair Down the Pub?" Interactions across Difference in a Public Place', *Disability & Society*, 17(1) pp. 5–18.

Lenny, J. (1993) 'Do Disabled People Need Counselling?' in J. Swain, V. Finkelstein, S. French and M. Oliver (eds) *Disabling Barriers – Enabling Environments*, London: Sage.

Leonard, P. (1966) 'The Challenge of Primary Prevention', *Social Work Today*, 6 October.

Lifton, R. J. (2000) *The Nazi Doctors – Medical Killing and the Psychology of Genocide*, New York: Basic Books.

MacFarlane, A. (1994) 'On Becoming an Older Disabled Woman', *Disability and Society*, 9(2) pp. 255–6.

MacFarlane, A. and Laurie, L. (1996) *Demolishing Special Needs* (Derbyshire: BCODP.

Marchant, R. and Page, M. (1992) *Bridging the Gap*, London: NSPCC.

Martin, J., Meltzer, H. and Elliot, D. (1988) *The Prevalence of Disability among Adults*, London: HMSO.

McConnell, H. and Wilson, B. (2007) *Focus on the Family*, London: Office for National Statistics.

McDonald, E. v Royal Borough of Kensington & Chelsea. Neutral Citation Number [2010] EWCA Civ 1109. www.bailii.org/ew/cases/EWCA/Civ/2010/1109.html.

McKnight, J. (1981) 'Professionalised Service and Disabled Help', in A. Brechin, P. Liddiard and J. Swain (eds) *Handicap in a Social World*, London: Hodder & Stoughton.

Merton, R. (1957) *Social Theory and Social Structure*, New York: Free Press.

Middleton, L. (1992) *Children First: Working with Children and Disability*, Birmingham: Venture Press.

Middleton, L. (1995) *Making a Difference: Social Work with Disabled Children*, Birmingham: Venture Press.

Middleton, L. (1997) *The Art of Assessment: Practitioners Guide*, Birmingham: Venture Press.

Middleton, L. (1999) *Disabled Children: Challenging Social Exclusion*, London: Blackwell Science.

Miller, E. and Gwynne, G. (1972) *A Life Apart*, London: Tavistock.

Moore, M., Skelton, J. and Patient, M. (2000) *Enabling Future Care*, Birmingham: Venture Press.

Morris, J. (1989) *Able Lives: Women's Experience of Paralysis*, London: The Women's Press.

Morris, J. (1991) *Pride against Prejudice*, London: Women's Press.

Morris, J. (1993a) *Independent Lives: Community Care and Disabled People*, Basingstoke: Macmillan.

Morris, J. (1993b) *Community Care or Independent Living*, York: Joseph Rowntree Foundation.

Morris, J. (1997a) *Community Care: Working in Partnership with Service Users*, Birmingham: Venture Press.

Morris, J. (1997b) 'Gone Missing? Disabled Children Living Away from their Families', *Disability & Society*, 12(2) pp. 241–58.

Morris, J. (1998) *Still Missing?*, London: Who Cares? Trust.

Morris, J. (2002) *A Lot To Say*, London: Scope.

Morris, J. and Wates, M. (2006) *Supporting Disabled Parents and Parents with Additional Support Needs*, Bristol: Policy Press/SCIE.

Mortier, K., Desimpel, L., De Schauwer, E. and Van Hove, G. (2011) 'I Want Support Not Comments: Children's Perspective on Supports in their Life', *Disability and Society* 26(2) pp. 207–22.

Mostert, M.P. (2002) 'Useless Eaters: Disability as Genocidal Marker in Nazi Germany', *Journal of Special Education*, 36, 155–68.

Neimeyer, R. A. and Anderson, A. (2002) 'Meaning Reconstruction Theory', in N. Thompson (ed.) *Loss and Grief*, Basingstoke: Palgrave Macmillan.

NHS Information Centre (2010) *Survey of Carers in Households 2009/10.* www.ic.nhs.uk/webfiles/publications/009_Social_Care/carer survey0910/Survey_of_Carers_in_Households_2009_10_England.pdf.

NHS Information Centre (2011a) Community Care Statistics 2009–10: Social Services Activity, England. www.ic.nhs.uk/webfiles/publications/009_Social_Care/carestats0910asrfinal/Community_Care_Statistics_200910_Social_Services_Activity_Report_England.pdf.

NHS Information Centre (2011b) Personal Social Services expenditure and unit costs: England – 2009–10 – Final Council Data http://www.ic.nhs.uk/webfiles/publications/009_Social_Care/pss0910 expfinal/pss0910expfinal_update_070311/Personal_Social_Services_Expenditure_Report%202009_10.pdf.

NHS Information Centre (2011c) Abuse of Vulnerable Adults in England October 2009 – March 2010. Experimental Statistics. www.ic.nhs.uk/webfiles/publications/009_Social_Care/ava0910/Abuse_of_Vulnerable_Adults_report_2009-10.pdf.

Nissel, M. and Bonnerjea, L. (1982) *Family Care of the Handicapped Elderly: Who Pays?*, London: Policy Studies Institute.

Not Dead Yet UK (2011) www.notdeadyetuk.org/page12.html.

Nowak, M. (2008) *Interim Report of the Special Rapporteur on Torture and Other Cruel, Inhuman or Degrading Treatment or Punishment*, New York: United Nations.

NSPCC (2003) *'It doesn't happen to disabled children': child protection and disabled children*. Report of the National Working Group on Child Protection and Disability, London: NSPCC.

O'Connell, P. (2005) '"A Better Future?" Young adults with complex physical and communication needs in mainstream education.' Presented by Dawn Seals, BERA, at the University of Glamorgan, 17 September. www.leeds.ac.uk/disability-studies/archiveuk/o%27connell/oconnellp%20a%20better%20future%20bera%202005.pdf.

Office for Disability Issues (2010) *Disability Facts and Figures*. www.odi.gov.uk/disability-statistics-and-research/disability-facts-and-figures.php.

Office for National Statistics (ONS) (2001) www.statistics.gov.uk/cci/nugget.asp?id=458.

Office for National Statistics (ONS) (2004) *Social Trends No 34*, London.

Office for National Statistics (ONS) (2009) www.statistics.gov.uk/cci/nugget.asp?id=1264.

Office for National Statistics (ONS) (2010) Social Trends 40 No. 40 – 2010 edition Chapter 2 Households and families www.statistics.gov.uk/downloads/theme_social/Social-Trends40/ST40_Ch02.pdf.

Oliver, J. (1982) 'Community Care: Who Pays?' *New Society*, 24 March.

Oliver, J. (1995) 'Counselling Disabled People: A Counsellor's Perspective', *Disability & Society*, 10(3) pp. 261–79.

Oliver, M. (1982) *Disablement in Society*, Milton Keynes: Open University Press.

Oliver, M. (1983) *Social Work with Disabled People*, Basingstoke: Macmillan.

Oliver, M. (1990) *The Politics of Disablement*, Basingstoke: Macmillan.

Oliver, M. (ed.) (1991) *Social Work, Disabled People and Disabling Environments*, London: Jessica Kingsley.

Oliver, M. (1996) *Understanding Disability, From Theory to Practice*, Basingstoke: Macmillan.

Oliver, M. (2004) 'The Social Model in Action: If I Had a Hammer', in C. Barnes and G. Mercer (eds) *Implementing the Social Model of Disability: Theory and Research*, Leeds: The Disability Press.

Oliver, M. and Bailey, P. (2002) 'Report on the Application of the Social Model of Disability to the Services provided by Birmingham City Council', unpublished.

Oliver, M. and Barnes, C. (2012) *The New Politics of Disablement*, Basingstoke: Palgrave Macmillan.

Oliver. M, and Sapey, B. (1999) *Social Work with Disabled People*, 2nd edn, Basingstoke: Macmillan.

Oliver, M. and Sapey, B. (2006) *Social Work with Disabled People*, 3rd edn, Basingstoke: Palgrave Macmillan.

Oliver, M. and Zarb, G. (1992) *Greenwich Personal Assistance Schemes: An Evaluation*, London: Greenwich Association of Disabled People.

Philips, J., Ray, M. and Marshall, M. (2006) *Social Work With Older People* (British Association of Social Workers (BASW) Practical Social Work) (Practical Social Work).

Philips, T. (2007) *Fairness and Freedom: The Final Report of the Equalities Review*, London: Equalities Review.

Piggot, L. (2011) 'Prosecuting Disability Hate Crime: A Disabling Solution?', *People, Place & Policy Online*, pp. 5/1, pp. 25–34. http://extra.shu.ac.uk/ppp-online/issue_1_130411/issue_downloads/disability_hate_crime_solution.pdf.

Powles, J. (1973) 'On the Limitations of Modern Medicine', *Science, Medicine and Man*, 1.

Priestley, M. (1999) *Disability Politics and Community Care*, London: Jessica Kingsley.

Priestley, M. (2003) *Disability: A Life Course Approach*, Cambridge: Polity Press.

Priestley, M. (2004) 'Tragedy Strikes Again! Why Community Care Still Poses a Problem for Integrated Living' in J. Swain, S. French, C. Barnes and C. Thomas (eds) *Disabling Barriers – Enabling Environments*, 2nd edn, London: Sage.

Prime Minister's Strategy Unit (2005) *Improving the Life Chances of Disabled People*. www.cabinetoffice.gov.uk/strategy/work_areas/disability.aspx.

Read, J. (2000) *Disability, the Family and Society: Listening to Mothers*, Buckingham: Open University Press.

Read, J. and Clements, L. (2001) *Disabled Children and the Law: research and good practice*, London: Jessica Kingsley.

Reeve, D. (2000) 'Oppression within the counselling room', *Disability & Society* 15(4) pp. 669–82.

Reeve, D. (2002) 'Negotiating Psycho-emotional Dimensions of Disability and their Influence on Identity Constructions', *Disability & Society*, 17(5) pp. 493–508.

Reeve, D. (2004) 'Counselling and disabled people: help or hindrance?' in J. Swain, S. French, C. Barnes and C. Thomas (eds) *Disabling Barriers – Enabling Environments*, 2nd edn, London: Sage.

Residential Forum (2010) *Vision Statement*. www.residentialforum.com/residential_forum_vision_statement.html.

Roberts, P. (1994) 'Theoretical Models of Physiotherapy', *Physiotherapy*, 80(6): 361–6.

Robinson, T. (1978) *In Worlds Apart: Professionals and their Clients in the Welfare State*, London: Bedford Square Press.

Roith, A. (1974) 'The Myth of Parental Attitudes', in D. M. Boswell and J. M. Wingrove (eds) *The Handicapped Person in the Community*, London: Tavistock.

Roulstone, A. and Mason-Bish, H. (2012) *Disablist Hate Crime and Violence*, London: Routledge.

Roulstone, A. and Thomas, P. (2009) *Hate Crime and Disabled People*, Manchester: Equality and Human Rights Commission and Breakthrough UK.

Roulstone, A., Thomas, P. and Balderston, S. (2011) 'Between Hate and Vulnerability: Unpacking the British Criminal Justice System's construction of Disablist Hate Crime', *Disability and Society* 26(3) pp. 351–64.

Roulstone, A. and Warren, J. (2006) 'Applying a Barriers Approach to Monitoring Disabled People's Employment: Implications for the Disability Discrimination Act 2005', *Disability and Society* 21(2) pp. 115–31.

Runswick-Cole, K. (2008) 'Between a Rock and a Hard Place: Parents' Attitudes to the Inclusion of Children with Special Educational Needs in Mainstream and Special Schools', *British Journal of Special Education*, 35(3) pp. 73–180.

Ryan, J. and Thomas, F. (1980) *The Politics of Mental Handicap*, Harmondsworth, Penguin.

Salman, S. (2010) 'Caught in a Trap: Disabled People Can't Move Out of Care', *Guardian*, 13 October.

Salzberger-Wittenberg, I. (1970) *Psycho-Analytic Insights and Relationships: A Kleinian Approach*, London: Routledge & Kegan Paul.

Sapey, B. (1993) 'Community Care: Reinforcing the Dependency of Disabled People', *Applied Community Studies*, 1(3), pp. 21–29.

Sapey, B. (1995) 'Disabling Homes: A Study of the Housing Needs of Disabled People in Cornwall', *Disability and Society*, 10(1), pp. 71–85.

Sapey, B. (2004) 'Practice for What? The Use of Evidence in Social Work with Disabled People', in D. Smith (ed.) *Evidence-based Practice and Social Work*, London: Jessica Kingsley.

Sapey, B. and Hewitt, N. (1991) 'The Changing Context of Social Work Practice', in M. Oliver (ed.) *Social Work, Disabled People and Disabling Barriers*, London: Jessica Kingsley.

Sapey, B. and Pearson, J. (2002) *Direct Payments in Cumbria: An Evaluation of their Implementation.* www.lancs.ac.uk/cedr/activities/268/.

Sapey, B., Turner, R. and Orton, S. (2004) *Access to Practice: Overcoming the Barriers to Practice Learning for Disabled Social Work Students*, Southampton: SWAP.

Sayce, L. (2000) *From Psychiatric Patient to Citizen*, Basingstoke: Palgrave Macmillan.

Schorr, A. (1992) *The Personal Social Services: An Outside View*, York: Joseph Rowntree Foundation.

Scott, R. A. (1970) 'The Constructions and Conceptions of Stigma by Professional Experts', in J. Douglas (ed.) *Deviance and Respectability: The Social Construction of Moral Meanings*, New York: BASK Books.

Selfe, L. and Stow, L. (1981) *Children with Handicaps*, London: Hodder & Stoughton.

Shakespeare, T. (1996) 'Power and Prejudice: Issues of Gender, Sexuality and Disability', in L. Barton (ed.) *Disability & Society: Emerging Issues and Insights*, Harlow: Longman.

Shakespeare, T. (1997) 'Researching Disabled Sexuality', in C. Barnes and G. Mercer (eds), *Doing Disability Research*, Leeds: The Disability Press.

Shakespeare, T., Gillespie-Sells, K. and Davies, D. (1996) *The Sexual Politics of Disability: Untold Desires*, London: Cassell.

Shaping Our Lives (2010) A National Network of Service Users and Disabled People. www.shapingourlives.org.uk.

Shearer, A. (1981b) *Disability: Whose Handicap?*, Oxford: Blackwell.

Shearer, A. (1984) *Centres for Independent Living in the US and the UK – an American Viewpoint*, London: King's Fund Centre.

Silburn, R. (1983) 'Social Assistance and Social Welfare: the Legacy of the Poor Law', in P. Bean and S. MacPherson (eds) *Approaches to Welfare*, London: Routledge & Kegan Paul.

Social Services Inspectorate (1991a) *Care Management and Assessment: Managers Guide*, London: HMSO.

Social Services Inspectorate (1991b) *Care Management and Assessment: Practitioners Guide*, London: HMSO.

Southampton CIL (2010) *The 12 Basic Rights*. www.southamptoncil. co.uk/about/12-basic-rights/.

Southampton CIL (2011) Campaigning can't stop for Xmas http://southamptoncil.wordpress.com/category/disabled-people/.

Stevens, A. (1991) *Disability Issues*, London: CCETSW.

Stewart, J., Harris, J., and Sapey, B. (1999) 'Disability and Dependency: Origins and Futures of "Special Needs" Housing for Disabled People', *Disability and Society*, 14(1) pp. 5–20.

Stewart, W. (1979) *The Sexual Side of Handicap*, Cambridge: Woodhead-Faulkner.

Stuart, O. (1994) 'Journey from the Margin: Black Disabled People and the Antiracist Debate', in N. Begum, M. Hill and A. Stevens (eds) *Reflections: The Views of Black Disabled People on their Lives and on Community Care*, London: CCETSW.

Swain, J. (1981) *Adopting a Life-Style*, Milton Keynes: Open University Press.

Swain, J., Finkelstein, V., French, S. and Oliver, M. (eds) (1993) *Disabling Barriers: Enabling Environments*, London: Sage.

Tate, D. G., Maynard, F. and Forchheimer, M. (1992) 'Evaluation of a Medical Rehabilitation and Independent Living Programme for Persons with Spinal Cord Injury', *Journal of Rehabilitation*, 58, pp. 25–8.

Taylor, D. (1977) *Physical Impairment Social Handicap*, London: Office of Health Economics.

Tepper, M. (1999) 'Letting go of Restrictive Notions of Manhood: Male Sexuality, Disability and Chronic Illness', *Sexuality and Disability*, 17(1) pp. 36–52.

The Poverty Site (2011) 'Work and Disability', www.poverty.org.uk/45/index.shtml?2.

Think Local, Act Personal (2011) *Think Local, Act Personal – a sector-wide commitment to moving forward with personalisation and community-based support*, January 2011.

Thomas, C. (1999) *Female Forms: Experiencing and Understanding Disability*, Buckingham: Open University Press.

Thomas, C. (2004) 'How is Disability Understood? An Examination of Sociological Approaches', *Disability & Society*, 19(6) pp. 569–83.

Thomas, C. (2007) *Sociologies of Disability and Illness – Contested Ideas in Disability Studies and Medical Sociology*, Basingstoke: Palgrave Macmillan.

Thomas, P. (2004) 'The Experience of Disabled People as Customers in the Owner Occupation Market', *Housing Studies*, 19(5) pp. 781–94.

Thomas, P. (2011) '"Mate Crime": Ridicule, Hostility and Targeted Attacks against Disabled People', *Disability and Society*, 26(1) pp. 107–11.

Thomas, P. and Clark, L. (2010a) *Building Positive Partnerships: An agreement between Family Carer's Organisations, Disabled People's Organisations, Deaf People's Organisations and User Led Organisations*, Manchester: Breakthrough UK.

Thomas, P. and Clark, L. (2010b) *Consultation on Liverpool's Short Break Provision*, Accrington: North West Training and Development Team.

Thomas, P. and Ormerod, M. (2005) 'Adapting to Life – are adaptations a remedy for disability?', in M. Foord and P. Simic (eds) *Housing and Community Care and Supported Housing – Resolving Contradictions*, London: Chartered Institute of Housing.

Thompson, N. (1993) *Anti-Discriminatory Practice*, Basingstoke: Macmillan.

Thompson, N. (1998) *Promoting Equality*, Basingstoke: Macmillan.

Thompson, N. (2001) *Anti-Discriminatory Practice*, 3rd edn, Basingstoke: Macmillan.

Thompson, N. (2002) 'Social Movements, Social Justice and Social Work', *British Journal of Social Work*, 32, 711–22.

Tomlinson, S. (1982) *The Sociology of Special Education*, London: Routledge & Kegan Paul.

Topliss, E. (1979) *Provision for the Disabled*, 2nd edn, Oxford: Blackwell, with Martin Robertson.

Townsend, P. (1979) *Poverty in the United Kingdom*, Harmondsworth: Penguin.

Toynbee, P. (2008) 'The Beginning of the End of a Cruel, Impractical Edict', www.guardian.co.uk/commentisfree/2008/dec/13/assisted-suicide-law-polly-toynbee.

Trieschmann, R. B. (1980) *Spinal Cord Injuries*, Oxford: Pergamon Press.

Union of Physically Impaired Against Segregation (UPIAS) (1975) Policy Statement, London: Union of Physically Impaired Against Segregation. http://www.leeds.ac.uk/disability-studies/archiveuk/UPIAS/UPIAS.pdf.

Union of Physically Impaired Against Segregation (UPIAS) and Disability Alliance (1976a) *Fundamental Principles of Disability*, London: Union of Physically Impaired Against Segregation. www.leeds.ac.uk/disability-studies/archiveuk/UPIAS/fundamental principles.pdf.

United Nations (on line) Convention on the Rights of Persons with Disabilities http://www.un.org/disabilities/convention/conventionfull.shtml.

United Nations (undated) Convention on the Rights of Persons with Disabilities and Optional Protocol. www.un.org/disabilities/documents/convention/convoptprot-c.pdf.

Üstün, T. B., Kostanjsek, N., Chatterji, S. and Rehm, J. (2010) *Measuring Health and Disability Manual for WHO Disability Assessment Schedule WHODAS 2.0*, Geneva: World Health Organization. http://whqlibdoc.who.int/publications/2010/9789241547598_eng.pdf.

Wates, M. (2002) *Supporting Disabled Adults in their Parenting Role*, York: Joseph Rowntree Foundation.

Wates, M. (2004) 'Righting the Picture: Disability and Family Life' in J. Swain, S. French, C. Barnes and C. Thomas (eds) *Disabling Barriers – Enabling Environments*, 2nd edn, London: Sage.

Watson, L., Tarpey, M., Alexander, K. and Humphreys, C. (2003) *Supporting People: Real change? Planning housing and support for marginal groups*, York: Joseph Rowntree Foundation.

Weller, D. J. and Miller, P. M. (1977) 'Emotional Reactions of Patient, Family, and Staff in Acute Care Period of Spinal Cord Injury: Part 2', *Social Work in Health Care*, 3.

Welshman, J. (2004) 'The Unknown Times', *Journal of Social Policy*, 33(2) pp. 225–47.

Westcott, H. (1993) *Abuse of Children and Adults with Disabilities*, London: NSPCC.

Westcott, H. and Cross, M. (1995) *This Far and No Further: Towards Ending the Abuse of Disabled Children*, Birmingham: Venture Press.

Wilding, P. (1982) *Professional Power and Social Welfare*, London: Routledge & Kegan Paul.

Willis, M. (1995) 'Customer Expectations of Service Quality at Community Team Offices', *Social Services Research*, 4, pp. 57–67.

World Health Organization (2002) *Towards a Common Language for Functioning, Disability and Health: ICF*, Geneva: World Health Organization.

World Health Organization (2010) WHODAS-2, Geneva: World Health Organization.

Zarb, G. (1991) 'Creating a Supportive Environment: Meeting the Needs of People who are Ageing with a Disability', in M. Oliver (ed.) *Social Work, Disabled People and Disabling Environments*, London: Jessica Kingsley.

Zarb, G. (1993) 'The dual experience of ageing with a disability', in J. Swain, V. Finkelstein, S. French and M. Oliver (eds.) *Disabling Barriers – Enabling Environments*, London: Sage.

Zarb, G. and Nadash, P. (1994) *Cashing in on Independence*, London: Policy Studies Institute for the British Council of Disabled People.

Zarb, G., Oliver, M. and Silver, J. (1990) *Ageing with Spinal Cord Injury: the Right to a Supportive Environment?*, London: Thames Polytechnic/Spinal Injuries Association.

國家圖書館出版品預行編目（CIP）資料

身心障礙社會工作／Michael Oliver, Bob Sapey,
Pam Thomas 著；葉琇姍譯.--初版.--臺北市：心理,
2014.02
　　面；　公分.--（社會工作系列；31038）
　譯自：Social work with disabled people, 4th ed.
　ISBN 978-986-191-593-7（平裝）

1. 身心障礙者　2. 社會工作

548.2　　　　　　　　　　　　　　　　103000179

社會工作系列 31038

身心障礙社會工作

作　　者：Michael Oliver、Bob Sapey、Pam Thomas
譯　　者：葉琇姍
執行編輯：林汝穎
總　編　輯：林敬堯
發　行　人：洪有義
出　版　者：心理出版社股份有限公司
地　　址：231 新北市新店區光明街 288 號 7 樓
電　　話：(02) 29150566
傳　　真：(02) 29152928
郵撥帳號：19293172　心理出版社股份有限公司
網　　址：http://www.psy.com.tw
電子信箱：psychoco@ms15.hinet.net
排　版　者：龍虎電腦排版股份有限公司
印　刷　者：東縉彩色印刷有限公司
初版一刷：2014 年 2 月
初版四刷：2021 年 1 月
I S B N：978-986-191-593-7
定　　價：新台幣 250 元